お勉強チェックシートの使い方

この本の最初には、学習の進みぐあいが確認できるお勉強チェックシートがついているの。お勉強チェックシートは、切りはなして使えるようになっているよ。

⭐ お勉強チェックシート ⭐

問題を解いて答え合わせをしたら、シールをはって日付を書こう。

教科によって色がちがうよ。

ここにシールをはってね。

ここに日付を書いてね。

ここから始まるよ！

うら面にもあるよ。

教科の後ろについている番号は、単元番号を表しているよ。

GOAL

START

問題が解けたらシールをはって日付を書こう！

学習の進みぐあいが確にんできちゃう！
お勉強チェックシート

「かわいい」が好きで勉強も楽しくやりたい小学生におくる!

新学習指導要領対応版

キラキラ☆
おうちスタディ
ブック 小5

☆英語 ◆算数 ♣理科 ♠社会 ♥国語

TAC出版
TAC PUBLISHING Group

お勉強チェックシート

学習の進みぐあいが確にんできちゃう！

※各教科の番号は本の単元を表しているよ。

START

問題が解けたら
シールをはって
日付を書こう♪

国語11
月 日

社会11
月 日

算数11
月 日

理科11
月 日

英語5
月 日

算数12
月 日

理科10
月 日

国語12
月 日

社会10
月 日

社会12
月 日

国語10
月 日

登場人物紹介

弥生坂 れもん

ニックネーム＊レモン

聖ニコル学園に通う，
元気な女の子。
得意科目は国語と社会。

好きなもの＊アイドル（オタクです）

葉月 ルナ

ニックネーム＊ルナ

聖ニコル学園に通う，
少し天然な女の子。
得意科目は算数と理科。

好きなもの＊ブロック，プログラミング

❀ 聖ニコル学園の先生たち ❀

聖ニコル学園の先生たちは，学校のそばの伝説の泉に落っこちちゃったせいで，いつもは動物のすがたなの。でも，ピンチになったら，人間のすがたになって助けてくれるよ。いっしょにがんばろうね！

▷ 英語：金子ウィリアム虹也 リアム先生

英語とオレだけ
を見てろよ。

泉に落ちて…

特技　サーフィン
趣味　筋トレ

▷ 算数：村崎カイト カイト先生

泉に落ちて…

算数もオレも
大好きだろ？

特技　プログラミング
趣味　映画をみること

▷◁ 理科：緑川 陸 リク先生
みどりかわ りく

理科は不思議で
おもしろいよ。
オレの心も・・・。

泉に落ちて…

特技　料理
趣味　ハーブを育てること

▷◁ 社会：青柳 空太 ソラ先生
あおやぎ そらた

泉に落ちて…

いっしょに社会を
楽しもうぜ！

特技　サッカー
趣味　焼肉屋さんめぐり

▷◁ 国語：赤羽 流星 リュウ先生
あかばね りゅうせい

さあ，国語のレッスン
の始まりだよ。

泉に落ちて…

特技　走ること
趣味　百人一首

この本の使い方（英語）

英語の授業は楽しめているかな？ この本では、イラストを使って場面を想像しながら英語を勉強できるよ！ 学校で勉強する内容の予習・復習にも役立つよ!!

1 おうちスタディのやり方

3 ①にでてきた英文を自分で書いてみよう。うすい色の文字をなぞって書いてね。

1 それぞれの単元で覚えてほしい英文を、イラストを使って説明するよ。先生やレモンちゃんたちが英語で話しているよ。

2 上のイラストの英文の ▢ にあてはめて使える英単語をしょうかいしているよ。

4 これだけはおさえて！ では、なんと動物の先生がイケメン先生に姿を変えて登場!! 大切なポイントを念押ししてくれるよ。

2 プチ休けい

教科の勉強が終わったら、プチ休けいしようね。「へえーそうなんだ」っていう話題がのってるよ。

この本の使い方 （算数・理科・社会・国語）

この本の特ちょうは、とにかくビジュアルが多いこと! イラスト、図表を使って、くわしく説明しているの。 また、1冊に学年1年分の学習内容がギュッとつまっているので、1年間の総復習（そうふくしゅう）にも役立つよ!!

1 おうちスタディのやり方

1 まずは各単元のポイントを楽しい会話といっしょに確認しよう。

2 大切マーク、重要マークのところはきちんと理解しようね。

3 ポイントをおさえたら、練習問題を解いてみよう! 練習問題もふきだしでヒントを出してるから、わからなかったら、ふきだしを読もうね。

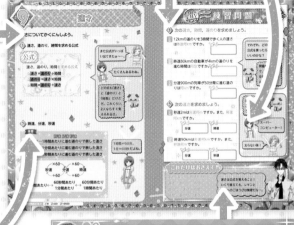

4 これだけはおさえて! では、なんと動物の先生がイケメン先生に姿を変えて登場!! 大切なポイントを念押ししてくれるよ。

2 ポイントまとめ

教科の最後には重要部分のポイントまとめがあるから、ちゃんと読んで理解しようね。

3 プチ休けい

教科の勉強が終わったら、プチ休けいしようね。「へえーそうなんだ」っていう話題がのってるよ。

CONTENTS もくじ

★ 2時間目 算数 ∥∥ Mathematics ∥∥

★ 3時間目 理科 — Science

★ 4時間目 社会 Social Studies

★ 5時間目 国語 Japanese

※国語は196ページからはじまるよ!

★ 1時間目

英語
English

オレについてきな。
英語を教えてやるぜ。

1 気持ちや状態を表すことば

⭐ どんな気持ちかを英語で言ってみよう。

アイム ハァピ
I'm happy .
「うれしいわ。」

気持ちや状態を表すことば

⭐ ハァピ
happy 「うれしい」

⭐ ハングリ
hungry 「おなかがすいた」

⭐ サァッド
sad 「悲しい」

⭐ スリーピ
sleepy 「ねむい」

書いてみよう

 それぞれの英語を自分で書いてみよう。

1 わたしはうれしいです。

I'm happy

2 わたしはおなかがすいています。

I'm hungry

3 わたしは悲しいです。 ★「悲しい」は英語で何と言うかな？

I'm

これだけはおさえて！

笑顔のきみが一番♪

<small>アイム</small>
I'm ⬜⬜⬜⬜⬜ .

「わたしは ⬜⬜⬜⬜ です。」

▶ ⬜⬜⬜⬜ には気持ちや状態を表すことばを入れるよ。

家　族

⭐ 家族を英語でしょうかいしてみよう。

スィス イズ マイ ファーザ
This is my　father．
「こちらはわたしのお父さんよ。」

家族を表すことば

⭐  ファーザ
father 「父」

⭐ マザ
mother 「母」

⭐ ブラザ
brother 「兄，弟」

⭐ スィスタ
sister 「姉，妹」

書いてみよう

⭐ それぞれの英語を自分で書いてみよう。

[1] こちらはわたしの父です。

This is my father.

[2] こちらはわたしの母です。

This is my mother.

[3] こちらはわたしの兄[弟]です。　　　★「兄，弟」は英語で何と言うかな？

This is my

これだけはおさえて！

英語では「兄」と「弟」は
あまり区別しないんだ。

ズィス イズ マイ
This is my ⬚⬚⬚⬚⬚.

「こちらはわたしの ⬚⬚⬚⬚⬚ です。」

▶ ⬚⬚⬚⬚⬚ には家族を表すことばを入れるよ。

くだもの

ほしいくだものを英語で言ってみよう。

アイ ワントア ピーチ
I want a peach .
「わたしはモモがほしいわ。」

いろいろなくだもの

ピーチ
peach 「モモ」

オーレンヂ
orange 「オレンジ」

バナァナ
banana 「バナナ」

アプル
apple 「リンゴ」

書いてみよう

⭐ それぞれの英語を自分で書いてみよう。

[1] わたしはモモがほしいです。

I want a peach.

[2] わたしはオレンジがほしいです。

I want an orange.

[3] わたしはバナナがほしいです。　　　⭐「バナナ」は英語で何と言うかな？

I want a　　　　　　.

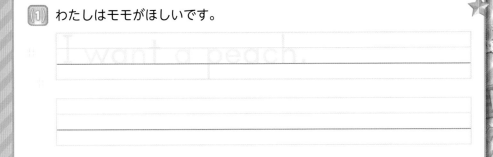

これだけはおさえて！

アイ　ワント　ア　アン
I want a [an] 　　　　　.

「わたしは　　　　　がほしいです。」

▶ 　　　　　にはほしいくだものの名前を入れるよ。

「ア，イ，ウ，エ，オ」の
読み方ではじまる単語の前
にはan（アン）をつけるぞ。

★4 スポーツ

好きなスポーツを英語で言ってみよう。

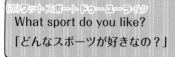
(ホ)ワットスポートドゥーユーライク
What sport do you like?
「どんなスポーツが好きなの？」

アイライク　ベイスボール
I like baseball .
「ぼくは野球が好きだよ。」

いろいろなスポーツ

★ ベイスボール
baseball 「野球」

★ サカ
soccer 「サッカー」

★ バァスケットボール
basketball 「バスケットボール」

★ テイブル テニス
table tennis 「たっ球」

書いてみよう

 それぞれの英語を自分で書いてみよう。

[1] あなたはどんなスポーツが好きですか。

What sport do you like?

[2] わたしは野球が好きです。

I like baseball

[3] わたしはたっ球が好きです。　★「たっ球」は英語で何と言うかな？

I like

これだけはおさえて！

オレは子どものときから
サッカーをしているんだぜ。

アイライク
I like 〔　　　　　〕.

「わたしは〔　　　　　〕が好きです。」

▶〔　　　　　〕には好きなスポーツや好きなものを表
すことばを入れるよ。

5 国の名前

☆ 行ってみたい国を英語で言ってみよう。

(ホ)ウェア ドゥーユー ワント トゥーゴウ
Where do you want to go?
「どこに行ってみたい？」

アイワント トゥーゴウトゥー アメリカ
I want to go to America .
「アメリカに行ってみたいな。」

いろいろな国の名前

アメリカ
America 「アメリカ」

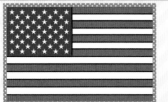

チャイナ
China 「中国」

キァナダ
Canada 「カナダ」

オーストゥレイリャ
Australia 「オーストラリア」

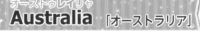

022

書いてみよう

⭐ それぞれの英語を自分で書いてみよう。

1 あなたはどこに行きたいですか。

Where do you want to go?

2 わたしはアメリカに行きたいです。

I want to go to America.

3 わたしは中国に行きたいです。　　　　★「中国」は英語で何と言うかな？

I want to go to

これだけはおさえて！

「日本」は英語で Japan と言うぞ。

アイ　ワント　トゥー　ゴウ　トゥー
I want to go to ⬜⬜⬜.

「わたしは ⬜⬜⬜ に行きたいです。」

▶ ⬜⬜⬜ には行きたい国の名前や場所を入れるよ。

6 食べ物

食べ物を英語で注文してみよう。

（ホ）ワット　ウッド　ユー　ライク
What would you like?
「ご注文は何ですか?」

アイドライク ア サァラド
I'd like a salad .
「サラダを1つください。」

いろいろな食べ物

パーフェイ
parfait 「パフェ」

ピーツァ
pizza 「ピザ」

サァラド
salad 「サラダ」

ステイク
steak 「ステーキ」

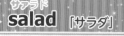

書いてみよう

 それぞれの英語を自分で書いてみよう。

① ご注文は何ですか？

What would you like?

② サラダを1つください。

I'd like a salad.

③ パフェを1つください。　　　　　★「パフェ」は英語で何と言うかな？

I'd like a

これだけはおさえて！

「食べ物」は英語で
foodと言うぞ。

アイド　ライク　ア

I'd like a ⬜⬜⬜⬜ .

「⬜⬜⬜⬜ を1つください。」

▶ ⬜⬜⬜⬜ には食べ物や飲み物の名前を入れるよ。

7 動作を表すことば

⭐ 上手にできることを英語で言ってみよう。

アイキャン クック ウェル
I can **cook** well.
「わたしは上手に料理することができるのよ。」

動作を表すことば

⭐ クック
cook 「料理する」

⭐ スィング
sing 「歌う」

⭐ ダァンス
dance 「おどる」

⭐ スケイト
skate 「スケートをする」

026

書いてみよう

⭐ それぞれの英語を自分で書いてみよう。

①　わたしは上手に料理することができます。

I can cook well.

②　わたしは上手に歌うことができます。

I can sing well.

③　わたしは上手におどることができます。　　★ 「おどる」は英語で何と言うかな？

I can well.

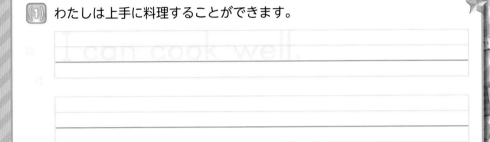

これだけはおさえて！

手料理には
自信があるんだぜ。

アイ キァン　　　　　　　　ウェル
I can 　　　　　　　 well.

「わたしは上手に　　　　　ことができます。」

▶ 　　　　　には動作を表すことばを入れるよ。

チェックテスト【英語】 ⇒答えと解説は P.198

 絵に合う**単語**を線でむすびましょう。

☐ (1) 復習P018

☐ (2) 復習P024

☐ (3) 復習P018

ア orange

イ steak

ウ apple

 ☐ にアルファベットを1文字ずつ書いて，絵に合う単語を完成させましょう。

☐ (1)

s ☐ eepy

復習P014

☐ (2)

basketb ☐ ll

復習P020

☐ (3)

c ☐ ☐ k

復習P026

3 日本語に合う英文になるように, [ ]からあてはまる単語を選んで, _____ に書きましょう。

☐ ① こちらはわたしの姉です。 復習P016

This is my _____.

☐ ② わたしはモモがほしいです。 復習P018

I want a _____.

☐ ③ わたしは上手にスケートをすることができます。 復習P026

I can _____ well.

peach ★ pizza ★ skate ★ sister

4 質問の答えとして正しいものを [ ]から選んで, _____ に書きましょう。

☐ ① Where do you want to go? 復習P022

_____

☐ ② What sport do you like? 復習P020

_____

たずねる文の最後には？（クエスチョンマーク）をつけるぞ。

I like soccer. ★ I'd like a salad.
I want to go to Canada.

029

プチ休けい
みんな大好き♡ スイーツ

みんなが大好きな
スイーツは英語では
何と言うのかな。

シュークリーム

クリーム　　　パフ
cream puff

日本語と英語で
言い方がちがうのね。

カスタードプリン

カスタード　　　　プディング
custard pudding

スイーツが好き
なのは日本の
女の子も外国の
女の子も同じね。

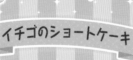

イチゴのショートケーキ

ストゥローベリ　　　　レイア　　　ケイク
strawberry layer cake

2時間目

算数
Mathematics

オレについてくれば、
算数が得意な
かわ☆かしこい女子に
なれるぞ!

整数と小数

小数を10倍，100倍した数，$\frac{1}{10}$，$\frac{1}{100}$ にした数について考えよう。

① 10倍，100倍，…すると小数点は右へ！

大切！

10倍すると，位が1けた上がるから，小数点の位置が右へ1けた移動するよ。

じゃあ，100倍すると？

位が2けた上がるから，小数点の位置が，右へ2けた移動するんだ。

| 3 | 7 | 5 | 2 |

10倍
100倍
10倍
1000倍

| 3 | 7 | 5 | 2 |

| 3 | 7 | 5 | 2 |

10倍

| 3 | 7 | 5 | 2 |

② $\frac{1}{10}$，$\frac{1}{100}$，…にすると小数点は左へ！

$\frac{1}{10}$ にすると，位が1けた下がるわね。小数点の位置は左へ1けた移動するよ。

う～ん，じゃあ，$\frac{1}{100}$ だと？

位は，2けた下がるんだ。小数点の位置は左へ2けた移動するぞ。

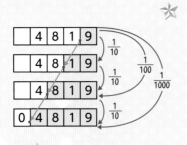

| | 4 | 8 | 1 | 9 |

$\frac{1}{10}$
$\frac{1}{100}$
$\frac{1}{1000}$
$\frac{1}{10}$
$\frac{1}{10}$

| | 4 | 8 | 1 | 9 |

| | 4 | 8 | 1 | 9 |

| 0 | 4 | 8 | 1 | 9 |

Let's TRY 練習問題

練習問題の答えは
次のページにあります。

① 次の数を10倍した数と，100倍した数を答えましょう。

① 0.063

10倍した数 ☐

100倍した数 ☐

② 2.94

10倍した数 ☐

100倍した数 ☐

 小数点はどっちに移動するんだっけ？

大きくなるときは，右に移動だ。

② 次の数を $\frac{1}{10}$ にした数と，$\frac{1}{100}$ にした数を答えましょう。

① 185.7

$\frac{1}{10}$ にした数 ☐

$\frac{1}{100}$ にした数 ☐

今度は小さくなるから，小数点は左へ移動するわね。

② 60.2

$\frac{1}{10}$ にした数 ☐

$\frac{1}{100}$ にした数 ☐

あれ？小数点がいちばん左になってもいいんだっけ？

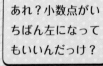

いいや，だめだな。小数点がいちばん左のときは，一の位に「0」を書くんだ。0.1や0.23の形を思い出すといい。

偶数・奇数／倍数・約数

偶数・奇数，倍数・約数の性質を覚えよう。

① 偶数か，奇数かは，2でわればわかる！

> 偶数は2でわり
> 切れる整数

偶数 0，2，4，6，…

奇数 ▶ 1，3，5，7，…

> 奇数は2でわり切れ
> ない整数

② 倍数は，ある整数に1，2，3，…をかけた数！

3の倍数

3，6，9，…

> 大切！
> 3の倍数は，3に整数をか
> けてできる数だ。

> 0倍や0の倍数は考
> えないのね。

③ 約数は，整数でわって見つける！

> 大切！
> 6の約数は，6をわり切る
> ことができる整数だね。
> 1と6も6の約数だよ。

6の約数

1，2，3，6

 次の問題に答えましょう。

[1] 次の中から，偶数をすべて選びましょう。

| 0 | 3 | 8 | 13 | 14 | 21 | 26 |

[ ]

3つも答えるの！？

7に1，2，3をかけた数を，それぞれ答えるのよ。

[2] 7の倍数を小さいほうから3つ書きましょう。

[ ]

今度は「すべて」かぁ…。

そんなにたくさんないから，だいじょうぶだよ〜。

[3] 16の約数をすべて答えましょう。

[ ]

16÷1，16÷2，…と，順に確かめていくぞ。

これだけはおさえて！

約数は必ず2つ以上あるぞ。

倍数⇒ある整数に1，2，3，…をかけた数！
　　　0倍や0の倍数は考えない！
約数⇒整数でわって見つける！

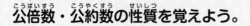

公倍数・公約数

公倍数・公約数の性質を覚えよう。

① 公倍数は共通の倍数！

2の倍数　　　　　　　5の倍数

2, 4, 6, 8, 12,
14, 16, 18, 22,　　10, 20,　　5, 15,
24, 26, 28, …　　…　　25, …

2の倍数でも，
5の倍数でもあ
る数は？

えっと…, 10とか？

そう。10, 20, …は
2と5の公倍数だ。

② 公約数は共通の約数！

16の約数　　24の約数

16　　　　1, 2,　　3, 6,
　　　　4, 8　　12, 24

16の約数でも，24の
約数でもある数は？

えっと…。1！

確かに，1も16
と24の公約数
にはちがいない
な。ほかにも，2,
4, 8があるぞ。

1 次の問題に答えましょう。

① 3と4の最小公倍数を
答えましょう。

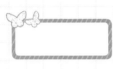

最小公倍数って何？

公倍数の中で，いちばん
小さい数のことだ。

② 2と5と8の最小公倍数を
答えましょう。

えぇ？3つの数！？

落ちついて！まずは，5と8
の公倍数を見つけましょう。

③ 18と30の最大公約数を
答えましょう。

最大公約数は何のこと？

公約数の中で，いちばん
大きい数のことだ。

④ 28と36と52の最大
公約数を答えましょう。

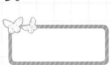

3つの数の公約数ね。

まずは，いちばん小さ
い「28」の約数だけ
求めるんだ。その中か
ら，36も52もわるこ
とができる数を見つけ
ればいい。

4 小数のかけ算

小数×小数の計算のしかたを考えよう。

① 小数×小数は，小数点から下のけたに注目！

$$
\begin{array}{r}
2.4 \\
\times\ 3.6 \\
\hline
\end{array}
\qquad
\begin{array}{r}
2.4 \\
\times\ 3.6 \\
\hline
1\,4\,4 \\
7\,2\ \ \\
\hline
8\,6\,4
\end{array}
\qquad
\begin{array}{r}
2.4 \\
\times\ 3.6 \\
\hline
1\,4\,4 \\
7\,2\ \ \\
\hline
8.6\,4
\end{array}
$$

1けた
1けた
2けた

まず，整数とみて計算ね。

大切！
積の小数点から下のけた数は，かけられる数とかける数の小数点から下のけた数の和になるぞ。

② かける数の大きさで積の大小関係がわかる！

重要

かける数＞1　のとき，　積＞かけられる数

例えば，6×1.2=7.2　で，7.2＞6

かける数＝1　のとき，　積＝かけられる数

例えば，6×1=6　で，6=6

かける数＜1　のとき，　積＜かけられる数

例えば，6×0.9=5.4　で，5.4＜6

計算しなくても，積とかけられる数の大小関係がわかるのよ。

へ～っ！ラクチン♪

　練習問題の答え　① (1)12　(2)40　(3)6　(4)4

Let's TRY 練習問題

1 次の計算をしましょう。

(1)
$$\begin{array}{r} 5.9 \\ \times\ 4.7 \\ \hline \end{array}$$

(2)
$$\begin{array}{r} 0.38 \\ \times\ \ 7.6 \\ \hline \end{array}$$

(3)
$$\begin{array}{r} 3.5 \\ \times\ 6.2 \\ \hline \end{array}$$

(4)
$$\begin{array}{r} 0.02 \\ \times\ \ 0.9 \\ \hline \end{array}$$

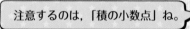

注意するのは，「積の小数点」ね。

積が1より小さくなる場合は，0をつけたすことにも気をつけろよ。

2 次の[ア]～[エ]から，積が8より大きいものを，すべて選びましょう。

[ア] 8×1.3　　[イ] 8×0.7

[ウ] 8×1　　[エ] 8×1.05

全部計算するのは大変！！

あれ？かけられる数は全部8なのね。計算しなくても答えがわかりそうよ。

ルナの言うとおりだ。かける数が1より大きいかどうかに注目してみろ。

5 小数のわり算

小数÷小数の計算のしかたを考えよう。✦

① 小数÷小数では，わる数を整数にして計算！

$$1{,}4\overline{)6{,}3.8}$$

10倍　　10倍

> わる数・わられる数をそれぞれ10倍するよ。

> 小数点を右に1ずらしてから計算するのね。

大切!
> 商の小数点は，移した小数点にそろえるんだ。

> 余りの小数点は，もとのわられる数にそろえるよ！

```
      4.5
1,4)6,3:8
    5 6
    ──────
      7 8
      7 0
    ──────
        8
```

```
      4.5
1,4)6,3:8
    5 6
    ──────
      7 8
      7 0
    ──────
      0.0 8
```

② わる数の大きさで商の大小関係がわかる！

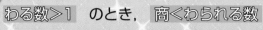

わる数＞1　のとき，　商＜わられる数

例えば，18÷1.5＝12　で，12＜18

わる数＝1　のとき，　商＝わられる数

例えば，18÷1＝18　で，18＝18

わる数＜1　のとき，　商＞わられる数

例えば，18÷0.9＝20　で，20＞18

> かけ算とは逆なんだ。

> 計算しなくても，商とわられる数の大小関係がわかるわね。

　練習問題の答え　① (1)27.73　(2)2.888　(3)21.7　(4)0.018　②ア，エ

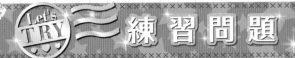

Let's TRY 練習問題

1 次の計算をしましょう。[1]はわり切れるまで計算をして，[2]，[3]は商を一の位まで求めて，余りも求めましょう。

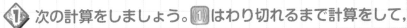

[1] 3.5)4.2

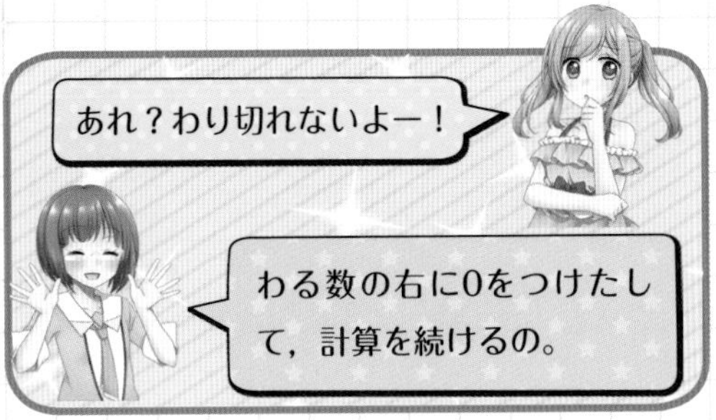
あれ？わり切れないよー！
わる数の右に0をつけたして，計算を続けるの。

[2] 6.8)97.3

[3] 5.7)23.8

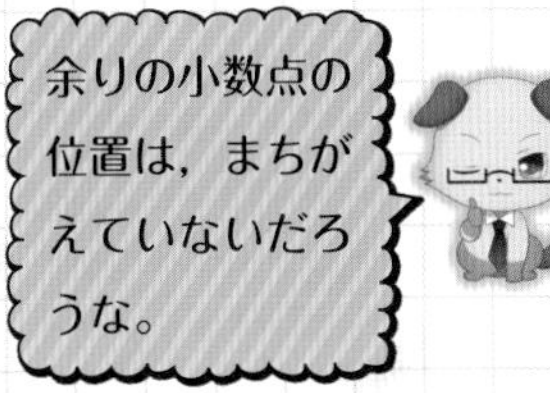
余りの小数点の位置は，まちがえていないだろうな。

2 次の[ア]～[エ]から，商が24より小さいものを，すべて選びましょう。

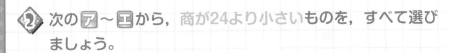

[ア] 24÷1.6　　[イ] 24÷1

[ウ] 24÷0.8　　[エ] 24÷9.6

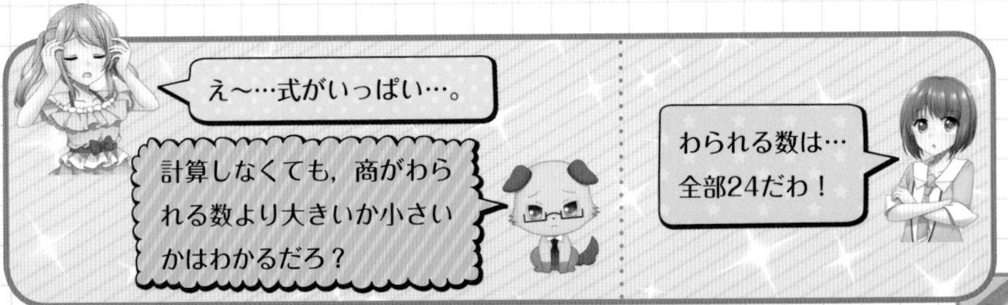
え～…式がいっぱい…。
計算しなくても，商がわられる数より大きいか小さいかはわかるだろ？
わられる数は…全部24だわ！

等しい分数

分数の大きさについて考えよう。

① 大きさの等しい分数はたくさんある！

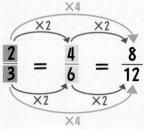

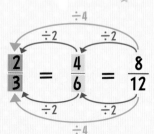

 分母と分子に同じ数をかけても，大きさは変わらないのよ。

大切！ 分母と分子を同じ数でわっても，大きさは変わらないな。

② 約分は，分母と分子を公約数でわる！

$$\frac{5}{10} = \frac{1}{2}$$

÷5

÷5

 分母と分子を5でわろう！

かんたんな分数になるのね。

③ 通分は，分母を公倍数にそろえる！

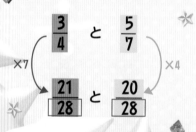

$\frac{3}{4}$ と $\frac{5}{7}$

×7 ×4

$\frac{21}{28}$ と $\frac{20}{28}$

 分母をどちらも28にそろえると…どうだ？

分母が同じだと，大きさをくらべやすいでしょ！

練習問題の答え ①(1)1.2　(2)14余り2.1　(3)4余り1　②ア，エ

Let's TRY 練習問題

① 次の式の ◻ にあてはまる数を書きましょう。

① $\dfrac{7}{8} = \dfrac{◻}{16} = \dfrac{21}{◻}$

8から16で，分母が2倍になっているわね。

分母と分子に同じ数をかけていくんだ。

② $\dfrac{48}{90} = \dfrac{24}{◻} = \dfrac{◻}{30}$

$\dfrac{9}{27}$は3でわって，…$\dfrac{3}{9}$？

もっとかんたんにできないかしら？ 考えてみて。

② 次の分数を約分しましょう。

① $\dfrac{9}{27}$ ◻

② $\dfrac{20}{32}$ ◻

分母をいくつにしたらいいの？

③ 次の（ ）の中の分数を通分しましょう。

$\left(\dfrac{5}{9}, \dfrac{7}{12} \right)$ ◻

オススメは，9と12の最小公倍数よ。

これだけはおさえて！

$\dfrac{\bullet}{\bigstar} = \dfrac{\bullet \times ♪}{\bigstar \times ♪}$　　$\dfrac{\bullet}{\bigstar} = \dfrac{\bullet \div \blacklozenge}{\bigstar \div \blacklozenge}$

分母と分子に同じ数をかけても，分母と分子を同じ数でわっても，分数の大きさは変わらないぞ。

043

分数のたし算・ひき算

分数のたし算・ひき算のしかたを考えよう。

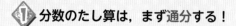
① 分数のたし算は，まず通分する！

$$\frac{2}{5} + \frac{1}{3} = \frac{6}{15} + \frac{5}{15} = \frac{11}{15}$$

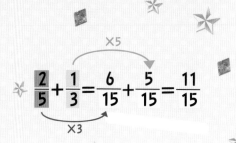

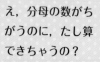
え，分母の数がちがうのに，たし算できちゃうの？

そうなの！まずは，通分ね。

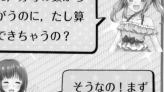
分母を5と3の最小公倍数15にそろえるんだ。分母がそろってしまえば，たし算できるだろ？

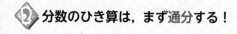
② 分数のひき算は，まず通分する！

$$\frac{3}{4} - \frac{4}{7} = \frac{21}{28} - \frac{16}{28} = \frac{5}{28}$$

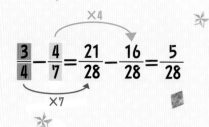

大切！
ひき算もまずは通分だ。

通分って便利〜。

分数のたし算とひき算はバッチリね。

練習問題の答え　①(1)14, 24　(2)45, 16　②(1)$\frac{1}{3}$　(2)$\frac{5}{8}$　③$\left(\frac{20}{36}, \frac{21}{36}\right)$

① 次の計算をしましょう。

(1) $\dfrac{3}{8} + \dfrac{1}{2} =$

分母の大きさが
ちがうから・・・。

まずは通分だ。答えが
約分できるときは約分
をしてから答えろよ。

約分するときは分母
をできるだけ小さい
数にするのよね。

(2) $\dfrac{7}{10} + \dfrac{2}{15} =$

(3) $\dfrac{3}{5} + \dfrac{4}{9} + \dfrac{1}{3} =$

(4) $\dfrac{8}{9} - \dfrac{1}{4} =$

ひき算も，まず
は通分ね。

あとは，練習
あるのみ。

がんばりまーす！

(5) $\dfrac{2}{3} - \dfrac{5}{21} =$

(6) $1 - \dfrac{1}{4} - \dfrac{7}{12} =$

8 単位量あたりの大きさ

平均の意味を知り，求め方を考えよう。また，単位量あたりの大きさの求め方を考えよう。

 平均は，合計を個数でわって求める！

 平均＝合計÷個数

120g　70g　110g　の平均の重さ

↓

（120＋70＋110）÷ 3 ＝ 300 ÷ 3 ＝ 100（g）

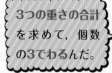
3つの重さの合計を求めて，個数の3でわるんだ。

 単位量あたりの大きさは，一方の量でわる！

200m²のプールに40人の子どもが泳いでいるとき，

1人あたりの面積は，200÷40 ＝ 5（m²）

1m²あたりの人数は，40÷200 ＝ 0.2（人）

単位量あたりの大きさって何に使うの？

こみぐあいをくらべるときに使えるな。例えば，1人あたりの面積が広ければ，すいているとわかるだろ。

練習問題の答え　1 (1) $\frac{7}{8}$　(2) $\frac{5}{6}$　(3) $\frac{62}{45}$　(4) $\frac{23}{36}$　(5) $\frac{3}{7}$　(6) $\frac{1}{6}$

① どちらの部屋がこんでいますか。

	面積(m²)	人数（人）
Aの部屋	25	5
Bの部屋	18	4

 の部屋

どうやってくらべればいいの？

1人あたりの部屋の面積でくらべるとしたら，どうなる？

② 5回のテストの平均点は86点でした。5回のテストの合計点を求めましょう。

合計点は，平均点×回数で求められるぞ。

点

③ A市の人口は150万人で，面積は143km²です。A市の人口密度（じんこうみつど）を求めましょう。四捨五入（ししゃごにゅう）して，百の位までの整数で答えましょう。

約 人

人口密度は，1km²あたりの人口のことね。

ちなみに，都道府県で考えると，人口密度がいちばん高いのは東京都の約6000人，低いのは北海道の約70人だ。

047

速さ

速さについてかくにんしよう。

① 速さ，道のり，時間を求める公式

公式

速さ，道のり，時間を求める公式

速さ＝道のり÷時間
道のり＝速さ×時間
時間＝道のり÷速さ

また公式がいっぱい出てきたぁ〜…。

たくさんあるわね。

どの式も「速さ」と「道のり」と「時間」だけだぞ。これくらい，2人ならすぐ覚えられるさ。

② 時速，分速，秒速

時速 分速 秒速

◎時速…1時間あたりに進む道のりで表した速さ
◎分速…1分間あたりに進む道のりで表した速さ
◎秒速…1秒間あたりに進む道のりで表した速さ

```
          ×60        ×60
秒速   →   分速   →   時速
          ÷60        ÷60
```

1秒間あたり ←→ 60秒間あたり ←→ 60分間あたり
　　　　　　　　1分間あたり　　　1時間あたり

1時間＝60分，1分＝60秒だよね。

① 次の速さ，時間，道のりを求めましょう。

[1] 12kmの道のりを3時間で歩く人の速さ
は時速何kmですか。

[2] 時速80kmの自動車が4kmの道のりを
進む時間は何分ですか。

[3] 分速900mの列車が50分間に進む道の
りは何kmですか。

② 次の速さを求めましょう。

[1] 秒速2mは分速何mですか。また，時速
何kmですか。

分速 ＿＿＿＿＿＿　時速 ＿＿＿＿＿＿

[2] 時速90kmは分速何kmですか。また，
秒速何mですか。

分速 ＿＿＿＿＿＿　秒速 ＿＿＿＿＿＿

それぞれ，どの
公式を使ったら
いいのかな？

問題をよく読ん
で，求めるもの
は何かを考える
んだ。

公式を覚えたら，
ごほうびをあげよ
う。何がほしい？

スーパー
コンピューター！

太らない体！

これだけはおさえて！

速さ，道のり，時間を求める公式

速さ＝道のり÷時間

道のり＝速さ×時間

時間＝道のり÷速さ

速さは公式を覚えること！
いくら覚えても，レモンと
ルナへのごほうびは無理だな…。

割合

割合の意味を知り，求め方を考えよう。また，百分率・歩合の表し方を学ぼう。

① 割合は，何倍かを表している！

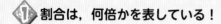

公式 割合＝くらべる量÷もとにする量

「50人	は	125人	の 何倍	か」
くらべる量		もとにする量	割合	

50	÷	125	＝	0.4（倍）
くらべる量		もとにする量	割合	

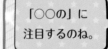
「○○の」に注目するのね。

大切！ ほかにも，「くらべる量＝もとにする量×割合」や，「もとにする量＝くらべる量÷割合」も覚えておくといいぞ。

② 割合を百分率，歩合で表す！

割合を表す数	1	0.1	0.01	0.001
百分率	100%	10%	1%	0.1%
歩合	10割	1割	1分	1厘

全体——

例えば，0.5倍は50%，5割となるな。

レモン，駅前のケーキ屋で「全品10%引き」だって！

「割」とか「%」は買い物のときに見たことあるわ。

本当？急いで買いに行かなきゃ！

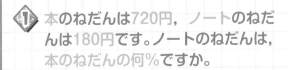

① 本のねだんは720円，ノートのねだんは180円です。ノートのねだんは，本のねだんの何％ですか。

もとにする量は…，どれ〜？

「○○の何％」の，○○がもとにする量だ。

%

② りんごジュースが2.4Lあります。オレンジジュースの量は，りんごジュースの量の7割5分です。オレンジジュースは何Lありますか。

わたしはレモンジュースが飲みたいな〜。

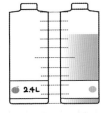

2.4L

L

③ 白いリボンの長さは35cmで，赤いリボンの長さの140％にあたります。赤いリボンは何cmですか。

わたしのかみがたじゃ，リボンつけてもにあわないかなあ…。

そうか？ルナなら，かわいいと思うぞ。

cm

これだけはおさえて！

レモン，ルナ，今度，いっしょに買い物に行こうか。かんちがいするなよ，もちろん割合の勉強のためだからな！

❀計算のときは，**百分率も歩合も小数になおす。**
❀10％は0.1！

11 体積

体積・容積(ようせき)の求め方を考えよう。

① 立方体や直方体の体積は，3つの辺の長さをかける！

 立方体の体積＝1辺×1辺×1辺

$$4×4×4=64(cm^3)$$

 直方体の体積＝たて×横×高さ

$$2×5×3=30(cm^3)$$

大切！

1cm³は，1辺が1cmの立方体の体積で，1立方センチメートルと読むのよ。

② 容積は，ものが入る部分の体積！

 容積＝うちのりのたて×横×高さ

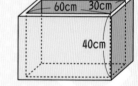

$$30×60×40=72000(cm^3)$$

「うちのり」って何？

入れ物の内側の長さのことだ。

③ 体積の単位のしくみをかくにん！

長さの関係　　　　　　10倍　　　10倍

立方体の1辺の長さ	1m	10cm		1cm
立方体の体積	1m³ 1kL	1000cm³ 1L	1dL	1cm³ 1mL

体積の関係　　　　1000倍　　10倍　　100倍

1000倍

① 次の体積を求めましょう。

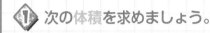

1辺7cmの立方体の体積

立方体はサイコロの形ね。

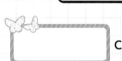

☐ cm³

② たて60cm，横1.3m，高さ90cmの直方体の体積

☐ cm³

長さにmとcmが混ざっているわ。えっと，そのまま計算すると，60×1.3×90…。

ちょっと待て。計算をするときは単位をそろえるんだ。1m＝100cmだな。1.3mは何cmだ？

② 右の入れ物の容積は何Lですか。

☐ L

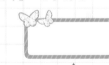

50cm
50cm
24cm

ものが入る部分を直方体と考えればいいね。

まずはcm³で求めて，それをLになおせばいいからな。

長さの単位はcmだけど…答えはLなの？

図形の角度

三角形や四角形の角の大きさの和を知ろう。また，三角形や四角形の角の大きさの求め方を考えよう。

① 三角形の3つの角の大きさの和は180°

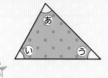

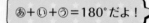
あ＋い＋う＝180°だよ！

② 四角形の4つの角の大きさの和は360°

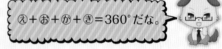
え＋お＋か＋き＝360°だな。

③ 多角形の角の大きさの和は，三角形に分けて考える！

	三角形	四角形	五角形	六角形	・・・
角の大きさの和	180°	360°	540°	720°	・・・

大切！

こんなの覚えられない…。

覚える必要なんかないさ。五角形は，3つの三角形に分けられるから，180°×3＝540°だ。ほかの多角形でも三角形に分けて考えればいいからな。

カイト先生，いい覚え方はないかしら？

練習問題の答え　①(1)343　(2)702000　②60

練習問題 Let's TRY

1 次の三角形で，㋐，㋑の角の大きさをそれぞれ求めましょう。

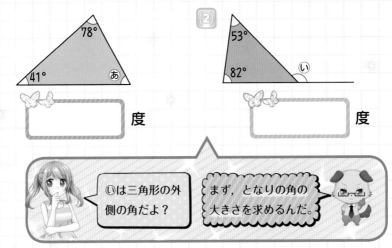

① 78° 41° ㋐

② 53° 82° ㋑

□ 度

□ 度

㋑は三角形の外側の角だよ？

まず，となりの角の大きさを求めるんだ。

2 次の四角形で，㋒，㋓の角の大きさをそれぞれ求めましょう。

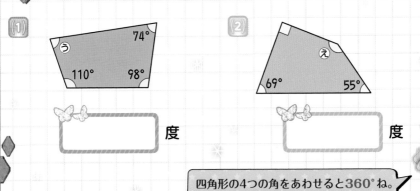

① ㋒ 74° 110° 98°

② ㋓ 69° 55°

□ 度

□ 度

四角形の4つの角をあわせると360°ね。

これだけはおさえて！

三角形の角の大きさの和は180°
四角形の角の大きさの和は360°

四角形はいくつの三角形に分けられるかな？

13 合同な図形

合同な図形の性質について考えよう。

① 合同な図形は、ぴったり重なる図形！

あと①、うとえが合同だ。

うとえってぴったり重なる？

うら返してもいいのよ。

② 合同な図形の対応する辺の長さや対応する角の大きさは等しい！

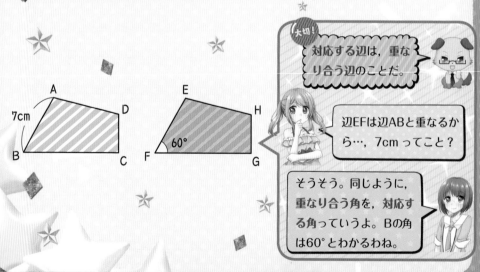

大切！

対応する辺は、重なり合う辺のことだ。

辺EFは辺ABと重なるから…、7cmってこと？

そうそう。同じように、重なり合う角を、対応する角っていうよ。Bの角は60°とわかるわね。

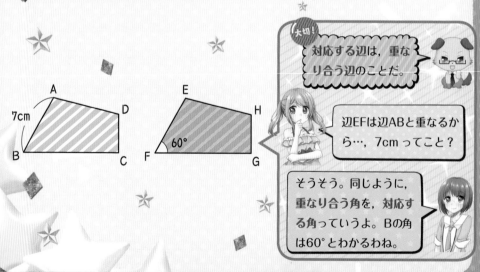

Let's TRY 練習問題

① 次のⓐ～ⓞから，合同な三角形を選びましょう。

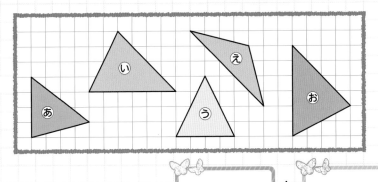

[　　　　　] と [　　　　　]

実際に重ねられ
ないけど…。

マス目を見て，辺の長
さや形をくらべるのよ。

② 下の2つの三角形は合同です。ⓚの長さと，ⓖの角の大きさを
求めましょう。

どことどこが重なるかな～？

対応する角がわかっても，計算を
しないと求められないぞ。ちょっ
とイジワルだったか？

ⓚ [　　　　　] cm

ⓖ [　　　　　] 度

14 三角形の面積

三角形の面積の求め方を考えよう。

 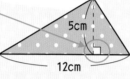 三角形の面積＝底辺×高さ÷2

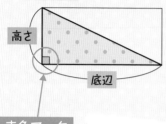

高さ

底辺

直角マーク

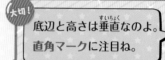
底辺と高さは垂直なのよ。
直角マークに注目ね。

底辺を12cmとみると，
高さは5cmとなるな。

5cm

12cm

$$12 \times 5 \div 2 = 30 \,(\text{cm}^2)$$

② くふうして面積を求める！

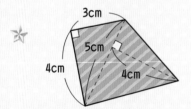
3cm

5cm

4cm

4cm

四角形を2つの三角形に
分けて，面積を求めるこ
ともできるよ！

ほんとだ！三角形の底辺と
高さがわかっちゃった！

$$3 \times 4 \div 2 = 6$$
$$5 \times 4 \div 2 = 10$$
$$6 + 10 = 16 \,(\text{cm}^2)$$

  Let's TRY 練習問題

① 次の三角形の面積を求めましょう。

① 11cm 8cm

〔　　　　　　　〕cm²

② 9.5cm 4cm

〔　　　　　　　〕cm²

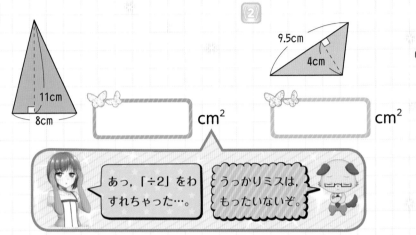

あっ，「÷2」をわすれちゃった…。

うっかりミスは，もったいないぞ。

② 次の三角形の面積を求めましょう。

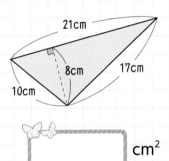

21cm
8cm
17cm
10cm

〔　　　　　　　〕cm²

えっと…底辺は17cmで，高さは10cmだね。

おいおいおい。高さは10cmか？

直角マークに注目するといいよ。

これだけはおさえて！

底辺と高さがわかんなくなる〜。

三角形の面積＝底辺×高さ÷2

とにかく直角マークをさがすんだ。

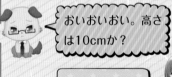

四角形の面積

特別な四角形の面積の求め方を考えよう。

① 公式　平行四辺形の面積＝底辺×高さ

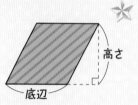

高さ
底辺

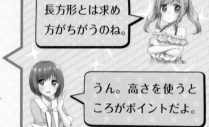

長方形とは求め方がちがうのね。

うん。高さを使うところがポイントだよ。

② 公式　台形の面積＝（上底＋下底）×高さ÷2

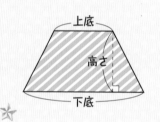

上底
高さ
下底

大切！
平行な2つの直線を，上底，下底とよぶぞ。

上底と下底と高さ。長さが3ついるのか～。

③ 公式　ひし形の面積＝対角線×対角線÷2

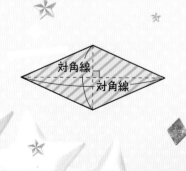

対角線
対角線

ひし形の対角線は，垂直に交わるのね。

公式が…いっぱい…覚えられない…。

覚えるまで教えてやるから，ついてこい。

Let's TRY 練習問題

① 次の四角形の面積を求めましょう。

①

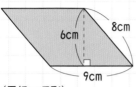

（平行四辺形）

 cm²

②

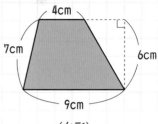

（台形）

cm²

③

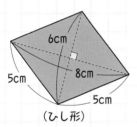

（ひし形）

 cm²

図形によって面積を
求める公式がちがう
よね。注意しなきゃ。

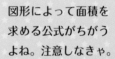

公式を使うためには，ど
この長さがいるかな？

④

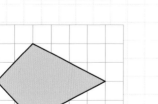

1cm

 cm²

この形わかんないよー。

あれ？ひし形みたい
に対角線が垂直に交
わるのかしら。

その通りだ，ルナ。ひし
形の公式が使えるぞ。

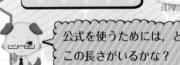

円と正多角形

正多角形の特ちょうを学ぼう。

また，円の円周の長さの求め方について考えよう。

① 正多角形は辺の長さと角の大きさに注目！

正多角形 🐾 辺の長さがすべて等しく，
角の大きさもすべて等しい多角形

これは正五角形ね。

半径が，円の中心のまわりを5等分しているな。

② 【公式】 円周の長さ＝直径×円周率（えんしゅうりつ）

直径

円周

円周の長さを直径でわると，同じ数になるの。

えっ？どんな大きさの円でも？

大切！

そう。その同じ数を円周率というぞ。計算をするときは，3.14を使うことが多いかな。

練習問題の答え　①(1)54　(2)39　(3)24　(4)12

Let's TRY 練習問題

① 次の➁～お の多角形から，正多角形をすべて選びましょう。

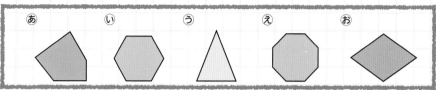

➁　　　➀　　　➂　　　➃　　　お

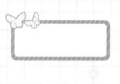

ひし形は辺の長さが全部同じだよね？じゃあ正多角形？

角の大きさにも注目！

② 次の問いに答えましょう。円周率は3.14とします。

① 下の円の円周の長さを求めましょう。

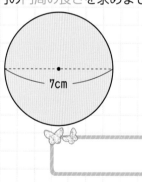

7cm

大切！
円周の長さ
＝直径×3.14だな。

まん丸…お月様みたいね。

cm

② 直径20cmの丸いケーキを上から見たとき，まわりの長さは何cmですか。

cm

おなかすいたー。ケーキ食べたい…。

おいおい…おやつの時間じゃないんだからな。

17

角柱と円柱

角柱・円柱の特ちょうを学ぼう。また，角柱・円柱の展開図について考えよう。

① 角柱・円柱の2つの底面は同じ形！

頂点

底面
側面
辺
底面

三角柱

底面
側面
底面

円柱

大切！
2つの底面は平行だな。

② 展開図はどことどこがくっつくかに注目！

これは円柱の展開図だ。

側面を切り開くと長方形？

そうよ。底面は円だね。

底面

側面

底面

側面は，たての長さが，円柱の高さと同じになるからな。

大切！
側面の横の長さは，底面のまわりの長さと同じだよ！

練習問題の答え ① い，え ② (1)21.98 (2)62.8

Let's TRY 練習問題

① 展開図の ア～ウ を組み立てると，どの立体になりますか。エ～カ から選んで線で結びましょう。また，立体の名前を書きましょう。

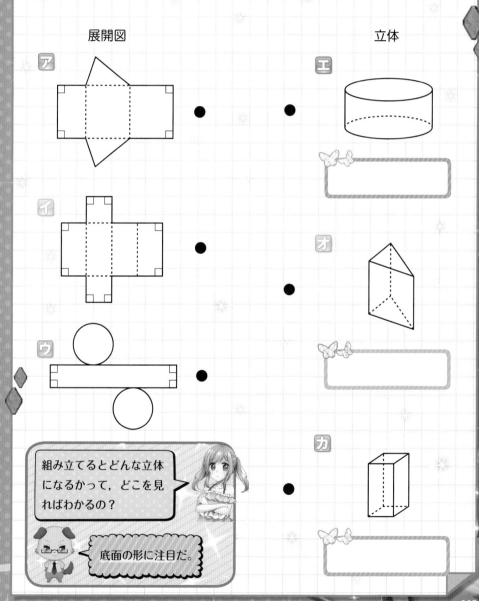

展開図　　　　　　　　　　　　立体

ア　　　　　　　●　　　　●　エ

イ　　　　　　　●　　　　●　オ

ウ　　　　　　　●　　　　●　カ

組み立てるとどんな立体になるかって，どこを見ればわかるの？

底面の形に注目だ。

065

18 変わり方（比例）

比例（ひれい）する2つの量について考えよう。

① 比例は，□が2倍，3倍になると，○も2倍，3倍！

たての長さが4cmの長方形の，横の長さ□cmと，
面積○cm²の関係を調べると…

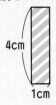   

4cm

 1cm　2cm　3cm　4cm

> 長方形の横の長さが1cm，2cm，3cm，…と
> 変わると，面積は下の表のように変わっていくな。

横の長さ□（cm）	1	2	3	4	…
面積○（cm²）	4	8	12	16	…

□が2倍になると，
○はどうなる？

あっ！
○も2倍だ！

□×4＝○の関係だね。

□が2倍，3倍，…になると，○も2倍，
3倍，…になるとき，「○は□に比例
する」というぞ。
オレとの関係も，どんどん変わってい
くのかな。

Let's TRY 練習問題

 ① 正方形の1辺の長さと面積について，表の⑥，⑥にあてはまる数を，それぞれ答えましょう。

1辺の長さ□(cm)	1	2	3	⑥	⋯
面積○(cm²)	1	⑥	9	16	⋯

⑥ [　　　　　]

⑥ [　　　　　]

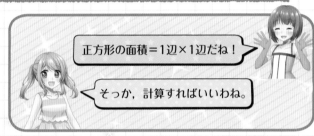

正方形の面積＝1辺×1辺だね！

そっか，計算すればいいわね。

② 1個80円のドーナツを買った個数と代金について，表の⑤，⑥にあてはまる数を，それぞれ答えましょう。

買った個数□（個）	1	2	⑤	4	⋯
代金○（円）	80	160	240	⑥	⋯

⑤ [　　　　　]

⑥ [　　　　　]

1個80円のドーナツを4個買うといくらだ？

そんなことより，ドーナツ食べたいな〜。

そ　ん　な　こ　と？

…ごめんなさい。

③ 上の①と②のどちらが，○は□に比例しているといえますか。

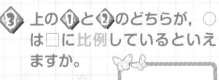

おさえておこう！ ポイントまとめ

公式をおさえれば バッチリだ！

ポイント1 単位量あたりの大きさ

 8 でやったよ！

平均＝合計÷個数　　合計＝平均×個数

どれも大切な内容だから，わすれるなよ。

ポイント2 割合

10 でやったよ！

割合＝くらべる量÷もとにする量

くらべる量＝もとにする量×割合

もとにする量＝くらべる量÷割合

割合の表し方

百分率…0.1倍＝10%

歩合…0.1倍＝1割

ポイント3 体積

11 でやったよ！

立方体の体積＝1辺×1辺×1辺

直方体の体積＝たて×横×高さ

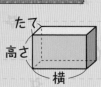

ポイント4 図形の角度

12 でやったよ！

三角形の3つの角の大きさの和は180°

あ＋い＋う＝180°

四角形の4つの角の大きさの和は360°

え＋お＋か＋き＝360°

練習問題の答え　1 あ4　い4　2 う3　え320　3 2

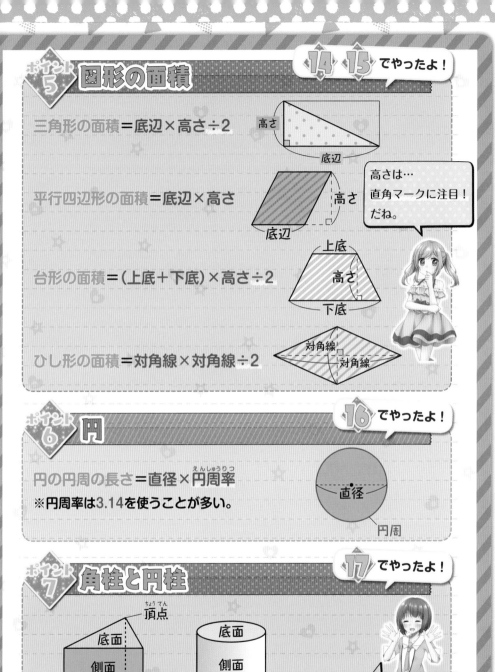

ポイント 5　図形の面積

14 15 でやったよ！

三角形の面積＝底辺×高さ÷2

高さ

底辺

平行四辺形の面積＝底辺×高さ

高さ

底辺

高さは…
直角マークに注目！
だね。

台形の面積＝（上底＋下底）×高さ÷2

上底

高さ

下底

ひし形の面積＝対角線×対角線÷2

対角線

対角線

ポイント 6　円

16 でやったよ！

円の円周の長さ＝直径×円周率
※円周率は3.14を使うことが多い。

直径

円周

ポイント 7　角柱と円柱

17 でやったよ！

頂点

底面

側面

底面

辺

三角柱

底面

側面

底面

円柱

角柱は，底面の形によって，
三角柱，四角柱，五角柱…
と，名前が変わるわね。

069

チェックテスト【算数】

⇒答えと解説は P.198

① 次の数を答えましょう。

☐ ① 0.084を10倍した数 〔復習P032〕

☐ ② 14.9を $\frac{1}{10}$ にした数 〔復習P032〕

☐ ③ 3と8の最小公倍数 〔復習P036〕

☐ ④ 54と90の最大公約数 〔復習P036〕

② 次の計算をしましょう。②はわり切れるまで計算をしましょう。

☐ ① 〔復習P038〕

$$\begin{array}{r} 1.2 \\ \times\ 5.3 \\ \hline \end{array}$$

☐ ② 〔復習P040〕

$$2.8\overline{)9.8}$$

0をつけたして、計算を続けるんだ。

☐ ③ $\frac{5}{8} + \frac{1}{6} =$ 〔復習P044〕

☐ ④ $\frac{1}{4} - \frac{1}{15} =$ 〔復習P044〕

☐ ⑤ $\frac{1}{3} + \frac{1}{2} + \frac{1}{5} =$ 〔復習P044〕

☐ ⑥ $1 - \frac{4}{7} =$ 〔復習P044〕

□ **3** 5個で400円のクッキーAと，8個で600円のクッキーBは，どちらのほうが1個あたりのねだんが安いといえますか。

復習P046

安いのは □

□ **4** 1200円のスカートが，もとのねだんの80%で売られていました。スカートの代金はいくらですか。

復習P050

□ 円

新しいスカート
ゲット～♪

5 次の体積や面積を求めましょう。

□ (1) 1辺5cmの立方体の体積

復習P052

□ cm^3

□ (2) たて20cm，横10cm，
高さ0.5mの直方体の体積

復習P052

□ cm^3

□ (3) 三角形　復習P058

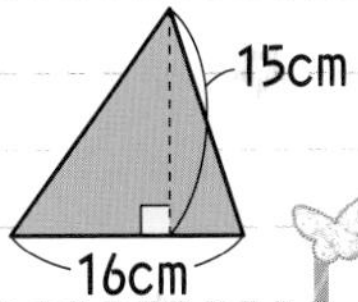
15cm
16cm

□ cm^2

□ (4) ひし形　復習P060

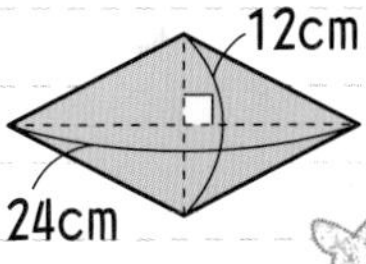
12cm
24cm

公式を
思い出して。

□ cm^2

6 次の三角形や四角形で，[あ]の角の大きさを求めましょう。

復習P054

□ (1)

あ
130°
17°

□ 度

□ (2)

あ
60°

□ 度

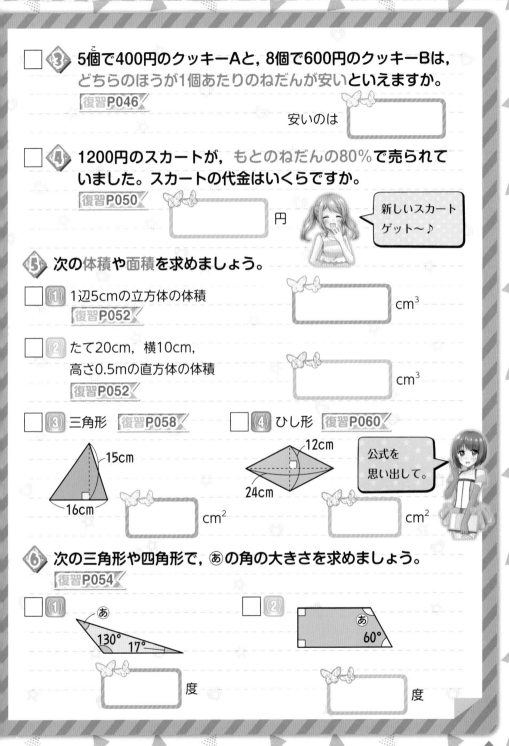

プチ休けい

円柱の箱をラッピング☆

どんな形の立体でも大きな長方形の紙があれば包めてしまうんだ。

❶ 箱の側面にそって，紙をまく。

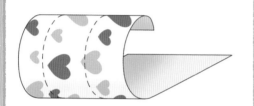

「つつ包み」をしょうかいするわね。

❷ 同じ形の三角形になるように折りこんでいく。

❸ 真ん中をシールでとめたらできあがり！

かわい〜♪

3 時間目

理科

Science

生命の神秘に
ついても学習するぞ！

雲と天気

天気の決め方と雲の種類についておさえよう。

① 天気の決め方

空全体の広さを10として，雲のしめる量が0～8のときの天気は
「晴れ」，9～10のときの天気は「くもり」とする

雲の量2（晴れ）　　雲の量8（晴れ）　　雲の量9（くもり）

雲　　空

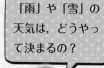

「雨」や「雪」の天気は，どうやって決まるの？

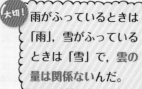

大切！雨がふっているときは「雨」，雪がふっているときは「雪」で，雲の量は関係ないんだ。

② 雲の種類

すじ雲（けん雲）　ひつじ雲（高積雲）

大切！上の2つは「雨をふらせない雲」で，下の2つは「雨をふらせる雲」なのよね。

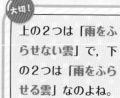

雨雲（らんそう雲）入道雲（積らん雲）

よく知っているな。雲の種類によって，色や形，高さがちがうことも覚えておくといいぞ。

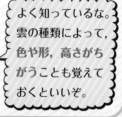

練習問題の
答えは
次のページに
あります。

 練習問題

1 次の文の ▢ にあてはまる言葉を
書きましょう。

(1) 右の図は，空全体の広さを10として，
雲の量が8のときの空のようすです。
雨や雪がふっていないとき，

天気は ▢ です。

雨や雪はふって
いないから，天
気は「晴れ」か
「くもり」だな。

(2) 空全体の広さを10として，雲の量が5で

雨がふっているときの天気は ▢ です。

雲の量が5ってことは，
晴れってこと？でも雨
がふっているのよね…。
わかんなーい！

レモン，落ち着いて。
雨や雪がふっていると
きの天気は，雲の量と
関係ないのよ。

2 右の図の雲について，次の問題に答えましょう。

(1) 雲は，色や形，高さによっていろいろな種類に分
けられます。右の図の雲を何といいますか。正し
いものを，次のア～エから1つ選びましょう。

ア 雨雲　　　　**イ** 入道雲

ウ ひつじ雲　　**エ** すじ雲 ▢

(2) 右の図の雲は，雨をふらせる雲ですか，雨をふらせない雲ですか。

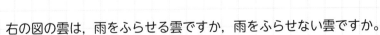

② 天気の変化

雲の動き方と天気の変わり方との関係をおさえよう。

① いろいろな気象情報

雨の強さや雨がふっている地いきを調べることができる。

雲のようすを調べることができるのね。

気象衛星の雲画像

（気象庁提供）

アメダスの雨量情報

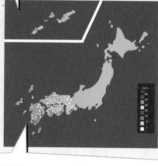

アメダスは，全国の雨量，気温，風向，風速を自動的に観測するシステムだ。

② 雲の動きと天気の変わり方

4月27日 　　　　 4月28日 　　　　 4月29日

（気象庁提供）

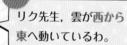
大切！
リク先生，雲が西から東へ動いているわ。

雲が西から東へ動くにつれて，天気も西から東へ変わっていくんだ。オレの心は変わらない…。

えっ！？

練習問題の答え　①(1)晴れ　(2)雨　②(1)ウ　(2)雨をふらせない雲

練習問題

① 右の図は，全国の雨量，気温，風向，風速を自動的に観測する**システム**によって記録されたものです。このシステムを何といいますか。

この図は何を表しているんだっけ？

雨の強さや雨がふっている地いきを表しているんだ。レモン，さっきオレが教えただろ。

② 下の連続した2日間の雲画像について，次の問題に答えましょう。

1日目
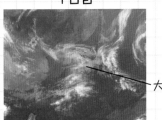
＼大阪

2日目
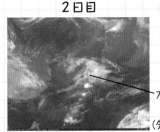
＼大阪

（気象庁提供）

[1] 雲画像から，日本付近の雲はどのように動いているとわかりますか。正しいものを，次の ア～ウ から1つ選びましょう。

ア 西から東へ動いている。

イ 東から北へ動いている。

ウ 北から西へ動いている。

[2] 3日目の大阪の天気はどのようになると考えられますか。正しいものを，次の ア～ウ から1つ選びましょう。

ア 1日中雨がふり続ける。

イ 雨がふり始める。

ウ 雨がやんで晴れる。

3 種子が発芽する条件

種子が発芽する(芽を出す)ためには何が必要かをおさえよう。

種子が発芽する条件

どちらも，空気にふれるようにして，あたたかいところに置くのよ。

水は発芽に必要か

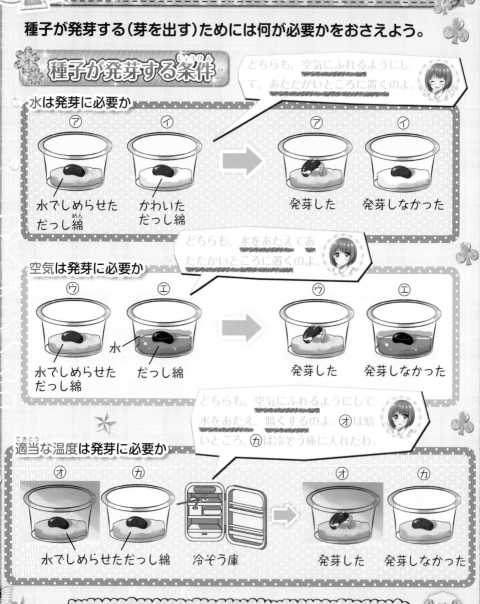

㋐ ㋑ → ㋐ ㋑

水でしめらせた　　かわいた　　　　発芽した　　発芽しなかった
だっし綿　　　　　だっし綿

どちらも，水をあたえてあたたかいところに置くのよ。

空気は発芽に必要か

㋒ ㋓ → ㋒ ㋓

水でしめらせた　　水　　　　　　　発芽した　　発芽しなかった
だっし綿　　　　　だっし綿

どちらも，空気にふれるようにして水をあたえ，暗くするのよ。㋔は暗いところ，㋕は冷ぞう庫に入れたわ。

適当な温度は発芽に必要か

㋔ ㋕ → ㋔ ㋕

水でしめらせただっし綿　　冷ぞう庫　　発芽した　　発芽しなかった

この実験では，調べる条件を1つだけ変えて，ほかの条件は同じにすることが大切なんだ。オレには，レモンもルナも大切だぞ…。

1 右の図のように，植物の種子が芽を出すこと を何といいますか。

2 だっし綿を入れた２つのカップに インゲンマメの種子をまいて，右の 図のような条件にすると，㋐のカッ プだけ種子が発芽しました。次の問 題に答えましょう。

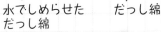

㋐ 　　　　　㋑

水でしめらせた だっし綿　　水　だっし綿

1 ㋐，㋑のカップは，どのようなところに置くとよいですか。 正しいものを，次の㋐〜㋒から１つ選びましょう。

㋐ ㋐のカップはあたたかいところに置き， ㋑のカップはすずしいところに置く。

㋑ ㋐のカップはすずしいところに置き，㋑ のカップはあたたかいところに置く。

㋒ どちらのカップも，あたたかいところに 置く。

ルナー！何が必 要なのかわから ないよ〜。

レモン，㋐と㋑ で，ちがう条件 は何かを考えれ ばいいのよ。

2 図の実験から，インゲンマメの種子の発 芽には何が必要だとわかりますか。

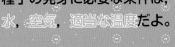

これだけはおさえて！

種子の発芽に必要な条件は， 水，空気，適当な温度だよ。

いろんな条件が あるんだな。

4 種子の発芽と養分

種子のつくりや養分についておさえよう。

⑪ 種子のつくり

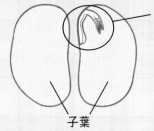

根，くき，
葉になる部分

子葉

これは，発芽する前のインゲンマメの種子を，たて半分に切ったようすだ。

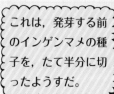

⑫ 発芽と養分

発芽してしばらくたった子葉

でんぷんがほとんどふくまれていないわ。

  ヨウ素液

色はほとんど
変化しなかった

発芽する前の子葉

でんぷんがふくまれているのね。

 ヨウ素液

青むらさき色に
変化した

リク先生，でんぷんにヨウ素液をかけると，青むらさき色になるのよね。

大切! そうだな。種子にはでんぷんがふくまれていて，でんぷんは発芽のための養分として使われるんだ。

練習問題の答え　① 発芽　② (1) ウ　(2) 空気

Let's TRY 練習問題

1 右の図は，インゲンマメの種子をたて半分に切ったものです。次の問題に答えましょう。

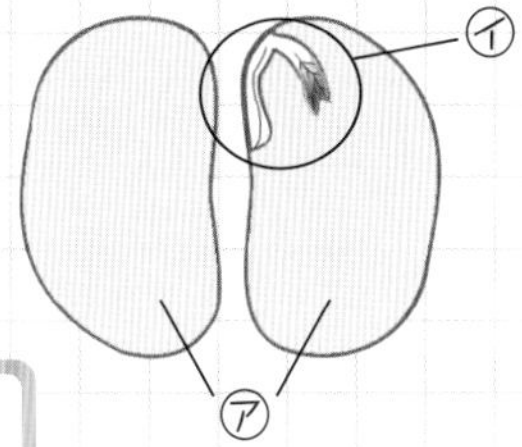

㋑
㋐

(1) ㋐は，何という部分ですか。

(2) ㋑の部分は，発芽したあとどのようになりますか。正しいものを，次の[ア]～[ウ]から１つ選びましょう。

[ア] なくなってしまう。

[イ] 根，くき，葉になる。

[ウ] しぼんでしまう。

2 発芽する前のインゲンマメの種子と，発芽してしばらくした子葉を切って，ある液体をかけると，右の図のようになりました。次の問題に答えましょう。

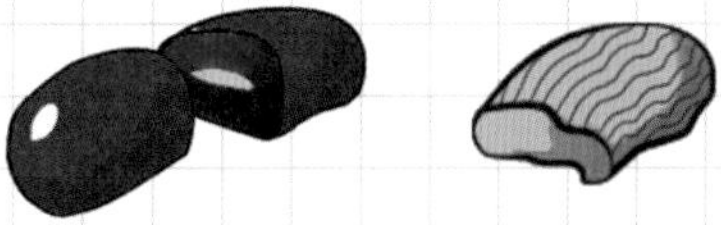

青むらさき色に変化した

色はほとんど変化しなかった

(1) インゲンマメの種子や子葉にかけた液体は何ですか。

(2) 図から，インゲンマメの種子にふくまれるでんぷんは，何のための養分として使われることがわかりますか。

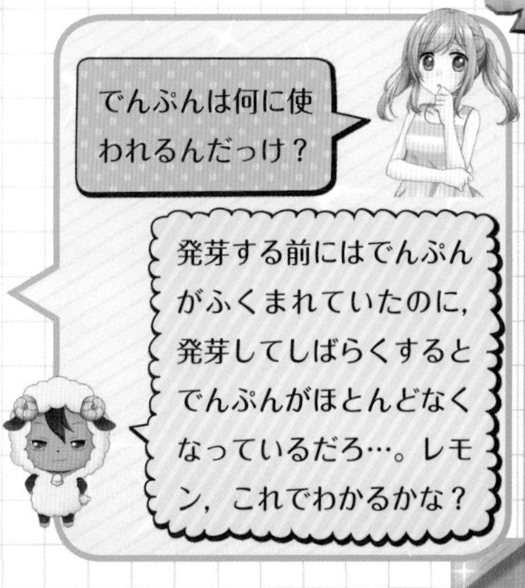

でんぷんは何に使われるんだっけ？
発芽する前にはでんぷんがふくまれていたのに，発芽してしばらくするとでんぷんがほとんどなくなっているだろ…。レモン，これでわかるかな？

5 植物が成長する条件

植物が成長するためには何が必要かをおさえよう。

植物が成長する条件

日光を当てたほうがよく成長しているだろう。

日光は成長に必要か

 ㋐

肥料

色がこくて
大きく，
数が多い

太い

 箱を
かぶせる ㋑

肥料

色がうすくて
小さく，
数が少ない

細い

大切！

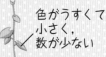

植物の成長には，
水・空気・適当な
温度も必要なのよ。

肥料は成長に必要か

 ㋒

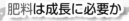

肥料

大きく，
数が
多い

太い

㋓

水

小さく，
数が少ない

細い

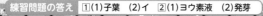

082

練習問題の答え　① (1)子葉　(2)イ　② (1)ヨウ素液　(2)発芽

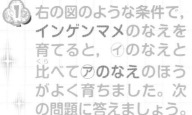

Let's TRY 練習問題

1 右の図のような条件で，インゲンマメのなえを育てると，㋑のなえと比べて㋐のなえのほうがよく育ちました。次の問題に答えましょう。

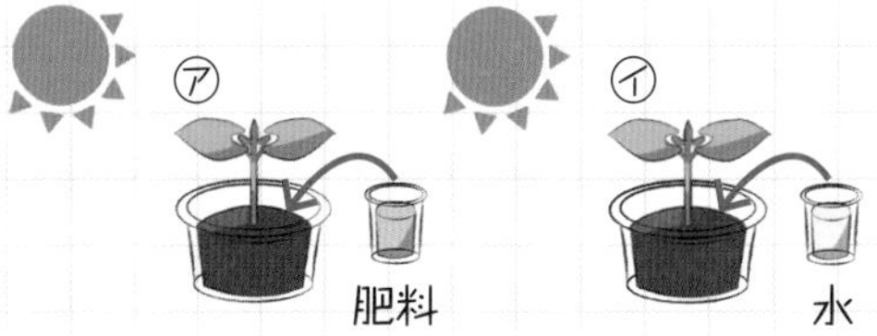

㋐
肥料
㋑
水

(1) ㋑のなえと比べて㋐のなえの葉は，どのように育ちましたか。正しいものを，次の[ア]～[ウ]から１つ選びましょう。

[ア] 色がこくて大きく，数が多い。

[イ] 色がうすくて大きく，数が多い。

[ウ] 色がうすくて小さく，数が少ない。

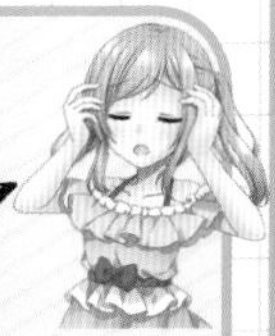

㋐のなえのほうがよく育ってる！なんで～？

(2) ㋐，㋑のインゲンマメの育ち方から，植物の成長には何が必要だとわかりますか。

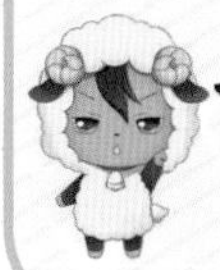

㋐と㋑で，ちがっている条件は何かを考えてみるといい。

2 植物の成長には，水・空気・適当な温度は必要ですか。正しいものを，次の[ア]～[エ]から１つ選びましょう。

[ア] 水だけが必要である。

[イ] 空気だけが必要である。

[ウ] 適当な温度だけが必要である。

[エ] 水・空気・適当な温度はすべて必要である。

6 ♣ メダカの飼い方

メダカのからだのつくりや飼(か)い方についておさえよう。

① おすとめすの見分け方

おす
せびれ ——
しりびれ

めす

> おすのせびれは**切れこみ**があって，しりびれは**平行四辺形**に近い形をしているのね。

> めすのせびれは切れこみがなく，しりびれの**うしろが短い**んだ。

> 水そうは，日光が直(ちょく)接(せつ)当たらない明るいところに置くのよ。

② メダカの飼い方

> くみ置きの水を入れるんだ。

> 水草を入れるのね。

> よくあらった小石やすなをしくんだ。

> 水がよごれたら**半分くらい**をくみ置きの水と取りかえるの。

> メダカ，かっわいい！！えさを毎日たくさんあげちゃお♪

> ダメだよ，レモン。えさは，食べ残しが出ないくらいの量を，毎日2〜3回あげるのがいいんだ。メダカもかわいいが，そんなレモンもかわいいな。

練習問題の答え　1(1)ア　(2)肥料　2エ

Let's TRY 練習問題

1 右の図は，メダカのおすとめすのいずれかを表しています。次の問題に答えましょう。

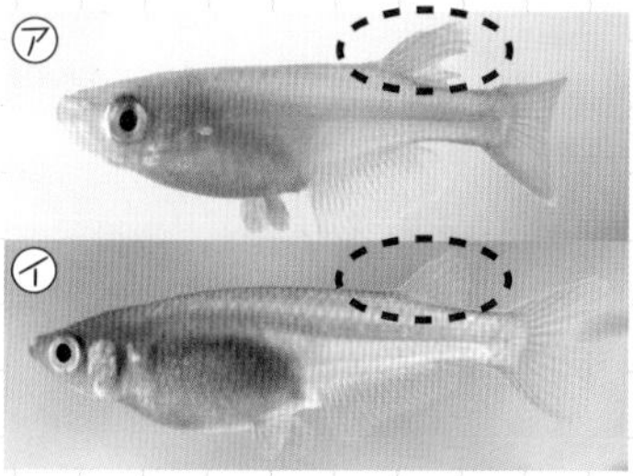

(1) 図の（　　）の部分は何というひれですか。

(2) 図の㋐，㋑のうち，めすはどちらですか。

めすのメダカは，おすのメダカとどこがちがうんだっけ？どっちも同じに見えちゃう。リク先生，助けて～！

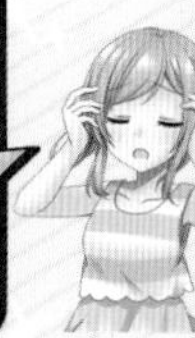

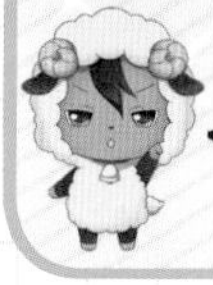

せびれとしりびれの形に注目してごらん。

2 メダカの飼い方について，次の問題に答えましょう。

(1) メダカを飼う水そうは，どのようなところに置くのがよいですか。正しいものを，次の[ア]～[ウ]から１つ選びましょう。

[ア] 日光があまり当たらない暗いところ。

[イ] 日光が直接当たる明るいところ。

[ウ] 日光が直接当たらない明るいところ。

(2) 水そうにはどのような水を入れますか。

これだけはおさえて！

せびれは，**おす**には**切れこみ**があるけど，めすにはないよ。
しりびれは，**おす**は**平行四辺形**に近い形で，**めす**は**うしろが短い**よ。

メダカのおすとめすのちがいはバッチリかな?

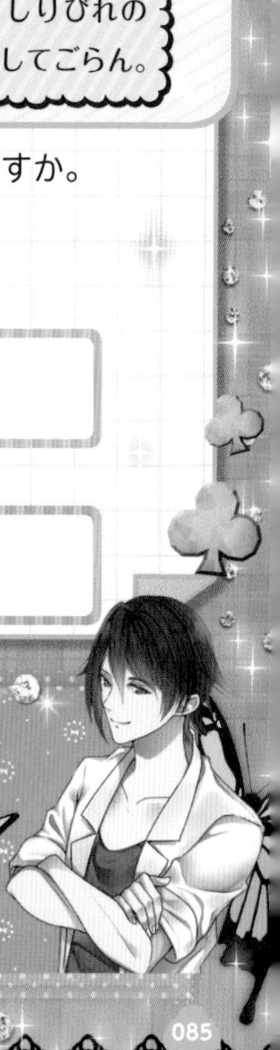

メダカのたまご

メダカのたまごの育ち方をおさえよう。

⑪ たまごの変化

めすが水草に産んだたまごと，おすが出した精子(せいし)が
結びつくことを受精(じゅせい)，受精したたまごを受精卵(じゅせいらん)という

だんだんメダカ
のすがたになっ
ていってるー！

受精直後	受精して数時間	2日後

油のつぶ

油のつぶ ─ ふくらんだ
部分

養分がある
部分

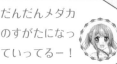

からだ

3日後	6日後

目

目

心ぞう

大切！ かえったばかりの子メダカ
は，はらのふくろに入って
いる養分で育つから，2〜
3日は何も食べないんだ。

9日後	12日後

養分が入ったふくろ

⑫ 解ぼうけんび鏡の使い方

10〜20倍にかく大
して観察できるのよ。

接眼(せつがん)レンズ

調節ねじ

ステージ

アーム

反しゃ鏡

大切！ 目をいためるから，日光が直(ちょく)
接(せつ)当たるところでは使わない
ようにするんだぞ。お前の目
はオレが守ってやる…。

練習問題の答え　1(1)せびれ　(2)イ　2(1)ウ　(2)くみ置きの水

Let's TRY 練習問題

1 右の図は，**メダカのたまご**が
育っていくようすを表してい
ます。ただし，ア〜エは，育
つ順にはならんでいません。
次の問題に答えましょう。

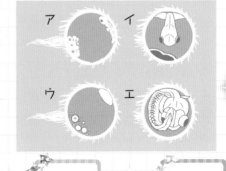

ア　イ

ウ　エ

[1] ア〜エを，メダカのたまごが育
っていく順にならべましょう。

☐　☐　☐　☐

[2] たまごからかえったばかりの
子メダカのはらのふくろには，
何が入っていますか。

子メダカのふくろの中には
何が入っているんだっけ？

このふくろのおかげで，子
メダカは，2〜3日何も食
べなくてすむんだっただろ。

2 右の図の**けんび鏡**について，
次の問題に答えましょう。

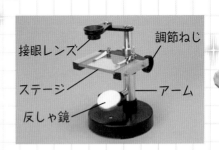

接眼レンズ　　　　調節ねじ

ステージ

反しゃ鏡　　　　アーム

[1] このけんび鏡を，何けんび鏡と
いいますか。

☐　けんび鏡

[2] このけんび鏡は，観察するものを何倍くらいにかく大して観察すること
ができますか。正しいものを，次の**ア**〜**ウ**から1つ選びましょう。

ア 5〜10倍　　**イ** 10〜20倍　　**ウ** 20〜30倍

087

8 人のたんじょう

人がたんじょうするまでの育ち方についておさえよう。

① 人がたんじょうするまで

女性の体内でつくられた卵（卵子）と男性の体内でつくられた精子が結びつくことを受精，受精した卵を受精卵という

約4mm
子宮

約4cm

へそのお

約36週

受精後約4週
心ぞうが動き始める。

約9週
顔がわかるように
なってくる。

約24週
活発に動く
ようになる。

約36週
からだが大きくなり，
丸みが出てくる。

受精卵の直径は
約0.1mmよ。

受精して**約38週間**で，**身長約50cm**，**体重約3000g**の子どもがたんじょうするんだ。

② 子宮の中のようす

受精卵は，たんじょうするまで子宮で育つ

たいばん
へそのお
羊水

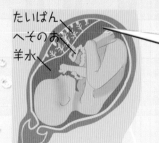

羊水は外から受けるしょうげきから子どもを守るはたらきをしているんだ。

大切！
養分やいらなくなったものは，へそのおを通して母親と受けわたしをするんだ。養分といらなくなったものは，たいばんで交かんされるぞ。

練習問題の答え　①(1)ウ→ア→イ→エ　(2)養分　②(1)解ぼう　(2)イ

Let's TRY 練習問題

① 右の図は，受精後約24週の母親の体内の子どものようすです。次の問題に答えましょう。

[1] 卵と結びついたのは，男性の体内でつくられた何というものですか。

[2] このときの子どものようすとして正しいものを，次の **ア**〜**ウ** から１つ選びましょう。

ア 心ぞうが動き始める。

イ 手や足の形がはっきりとわかるようになる。

ウ ほねやきん肉が発達して，活発に動くようになる。

子どもはどのくらいの大きさになっているんだっけ？

身長は約30〜35cmくらいだ。だいぶ大きくなっているだろ。オレの気持ちも…。

② 右の図は，母親の体内の子どものようすです。次の問題に答えましょう。

[1] 子どもは，母親の体内の何という場所で育っていますか。

[2] 外から受けるしょうげきから子どもを守るはたらきをする部分を，図のア〜ウから１つ選びましょう。

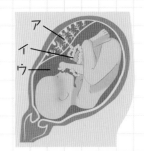

これだけはおさえて！

子どもは，母親の子宮の中で，へそのおでつながって育つんだね。

みんなこうやって生まれてきたんだ。生命のたんじょうってスゴイだろ！

⑨ 花のつくり

花がどのような部分からできているのかをおさえよう。

 ① 花のつくり

花びら
おしべ
めしべ
がく
アサガオ

おしべの先

めしべの先

リク先生，おしべやめしべの先には粉のようなものがついているわ！これは何？

大切！ レモン，それは花粉（かふん）というんだ。花粉は，おしべでつくられるぞ。

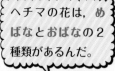 ② めばなとおばな

ヘチマの花は，めばなとおばなの2種類があるんだ。

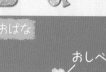
おばな
おしべ

めばな
花びら
がく
めしべ

花びらの下の部分がふくらんでいるほうが**めばな**で，ふくらんでいる部分は**実**になるのよ。

おしべの先

ヘチマのおしべでも**花粉**がつくられていて，この花粉がめしべの先につくんだ。

めしべの先

練習問題の答え　① (1)精子　(2)ウ　② (1)子宮　(2)ウ

1. 右の図は，アサガオの花のつくりを表しています。次の問題に答えましょう。

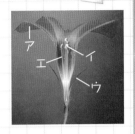

(1) イは何という部分ですか。

(2) ア〜エのうち，花粉がつくられている部分はどこですか。

花粉って何だっけ？

レモン，わすれたのか？おしべやめしべの先についている，粉のようなものだ。

2. 右の図は，ヘチマの2種類の花を表しています。次の問題に答えましょう。

(1) ㋐，㋑の花のうち，おばなはどちらですか。

(2) ㋒の部分について正しく説明しているものを，次のア〜ウから1つ選びましょう。

ア 葉が出てくる。

イ 実ができる。

ウ 花粉がつくられている。

花から実へ

実ができるしくみについておさえよう。

花粉のはたらき

おしべから出た花粉がめしべの先につくことを受粉という

次の日にさきそうな，めばなを使うの。ふくろを
かぶせるのは，**花粉がつかないようにするため**よ。

受粉させる

ふくろ

筆で花粉を
つける。

モールで
しばる。

大切！
受粉させた花だけに実ができるぞ。
実の中には**種子**ができているんだ。

受粉させない

ヘチマのつぼみの中に
あるめしべの先には，
花粉がついていなかっ
たわ。花粉は花がさい
たあとにつくのね。

ルナ，よく気がついたな。花がさ
いてから，ハチなどのこん虫によ
って花粉が運ばれて受粉するんだ。
オレの気持ちもハチが運んでとど
けてくれないかな…。

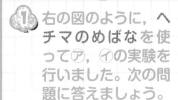

Let's TRY 練習問題

1 右の図のように，ヘチマのめばなを使って㋐，㋑の実験を行いました。次の問題に答えましょう。

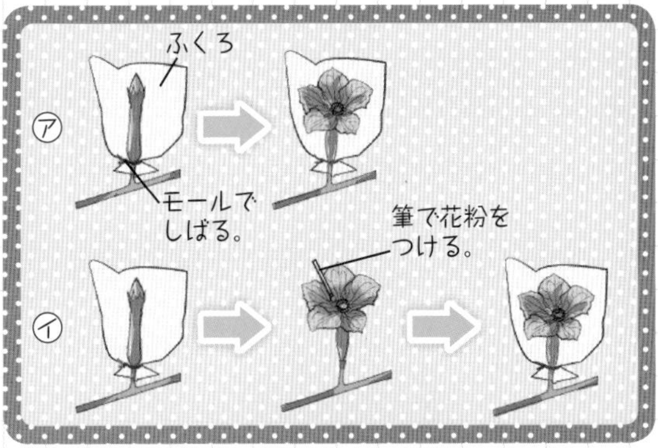

㋐
ふくろ
モールでしばる。
㋑
筆で花粉をつける。

(1) ふくろをかぶせるのはなぜですか。正しいものを，次の[ア]～[ウ]から1つ選びましょう。

[ア] 花粉がつかないようにするため。

[イ] 雨で花が散らないようにするため。

[ウ] 温度を一定に保つため。

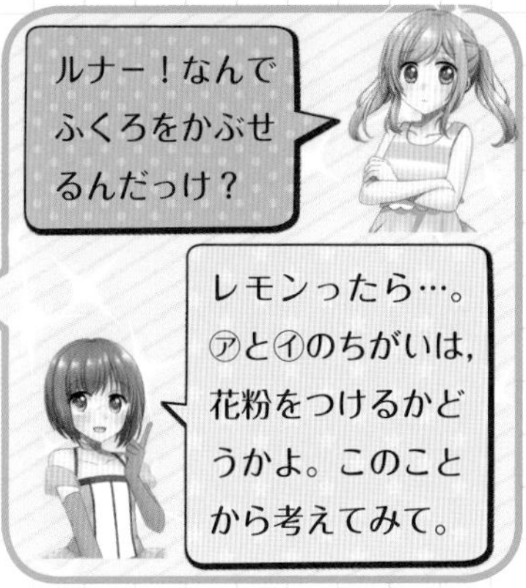

ルナー！なんでふくろをかぶせるんだっけ？
レモンったら…。㋐と㋑のちがいは，花粉をつけるかどうかよ。このことから考えてみて。

(2) ㋐，㋑のめばなに実はできますか。正しいものを，次の[ア]～[エ]から1つ選びましょう。

[ア] ㋐のめばなには実ができるが，㋑のめばなには実ができない。

[イ] ㋐のめばなには実ができないが，㋑のめばなには実ができる。

[ウ] ㋐，㋑の両方のめばなに実ができる。

[エ] ㋐，㋑の両方のめばなに実ができない。

(3) 花粉がめしべにつくことを何といいますか。

(4) 実の中に入っているものは何ですか。

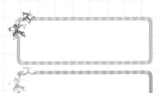

11 台風の動きと天気の変化

台風による天気の変化と災害についておさえよう。

⑪ 台風と天気

9月
8月
7月
6月
10月

大切！
台風は，**日本の南の海上で発生して北のほうへ移動**し，**夏から秋にかけて日本へ近づく**のよ。

② 台風による災害

1. 台風による強い風によって，鉄とうや木がたおれることがある
2. 台風による大雨によって，土砂くずれやこう水が起こることがある

たおれた木

土砂くずれ

こう水

ほかにも，強い風によって飛行機が運航できなくなることなどがあるのよ。

大雨によって多くの水がたくわえられるから，**台風によって水不足が解消**されたこともあるんだ。

練習問題の答え　①(1)ア　(2)イ　(3)受粉　(4)種子

Let's TRY 練習問題

1 右の図は，日本付近で発生した台風の進路を表したものです。次の問題に答えましょう。

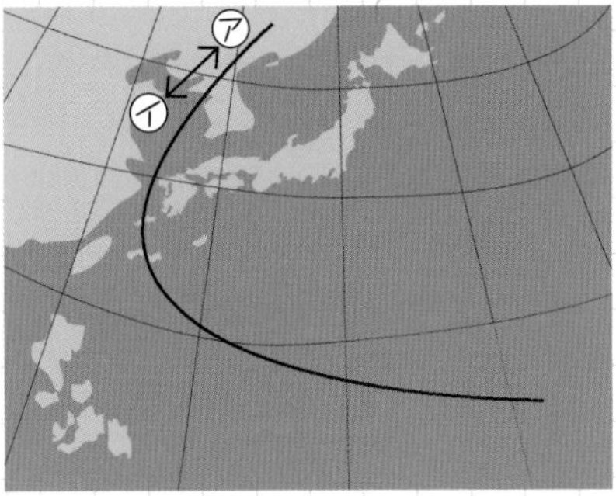

㋐
㋑

(1) 台風は，ふつう図の㋐，㋑のどちらの方向に進みますか。

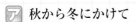

(2) 台風は，いつごろ日本に近づくことが多いですか。正しいものを，次の[ア]～[ウ]から１つ選びましょう。

[ア] 秋から冬にかけて

[イ] 夏から秋にかけて

[ウ] 冬から春にかけて

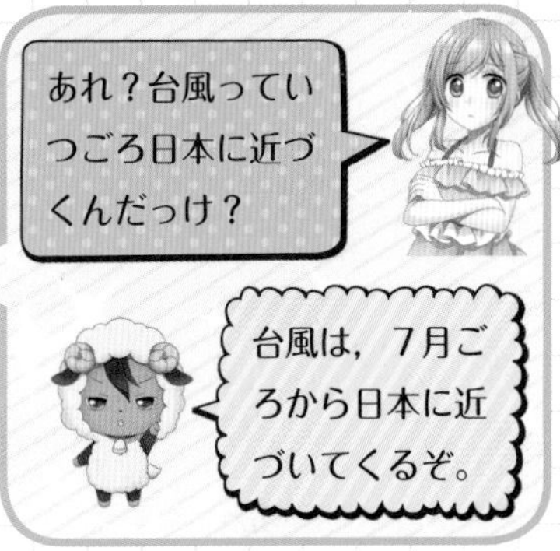

あれ？台風っていつごろ日本に近づくんだっけ？
台風は，７月ごろから日本に近づいてくるぞ。

2 台風による災害にはどのようなものがありますか。正しいものを，次の[ア]～[ウ]から１つ選びましょう。

[ア] 雪が多くふることによって，交通事故（じこ）がふえる。

[イ] 強い風がふくことによって，こう水が起こる。

[ウ] 大雨によって，土砂くずれが起こる。

これだけはおさえて！

台風は日本の南の海上で発生し，北のほうへ移動し，夏から秋にかけて日本に近づくよ。

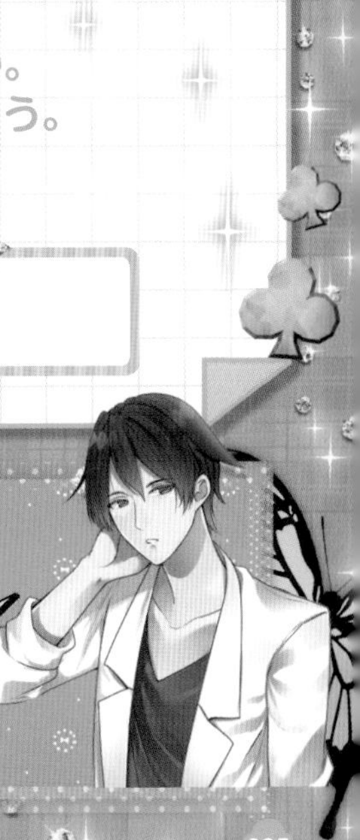

台風が近づいてきたら，あまり外を出歩かないようにしろよ。レモンやルナがケガをしたらこまるからな。

12 流れる水のはたらき

流れる水には，どのようなはたらきがあるのかをおさえよう。

① 流れる水のはたらき

流れる水が地面などをけずるはたらきをしん食，けずったものを運ぶはたらきを運ぱん，積もらせるはたらきをたい積という

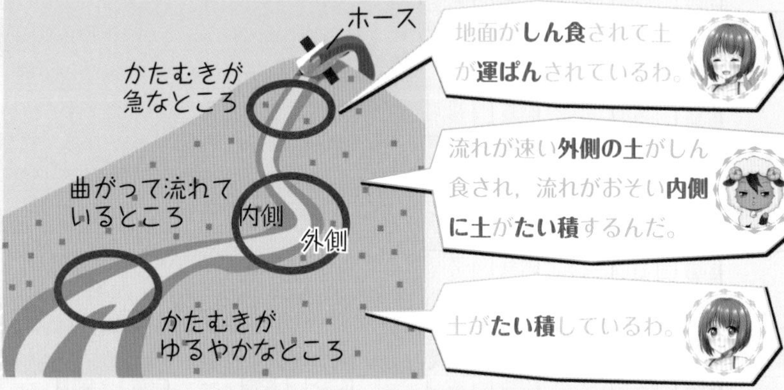

ホース
かたむきが
急なところ
曲がって流れて
いるところ
内側
外側
かたむきが
ゆるやかなところ
地面が**しん食**されて土が**運ぱん**されているわ。
流れが速い**外側の土**がしん食され，流れがおそい**内側**に**土**が**たい積**するんだ。
土が**たい積**しているわ。

水の流れるところ		流れの速さ	おもなはたらき
かたむき	急	速い	しん食，運ぱん
	ゆるやか	おそい	たい積
曲がっているところ	外側	速い	しん食，運ぱん
	内側	おそい	たい積

② 水の量と流れる水のはたらき

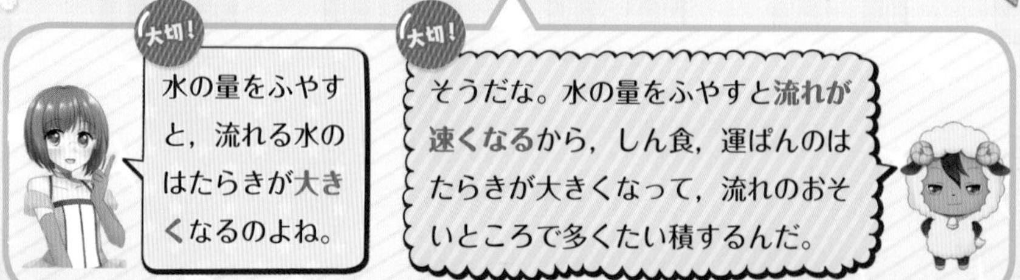

大切！
水の量をふやすと，流れる水のはたらきが大きくなるのよね。
大切！
そうだな。水の量をふやすと**流れが速くなる**から，しん食，運ぱんのはたらきが大きくなって，流れのおそいところで多くたい積するんだ。

練習問題の答え [1](1)㋐　(2)イ　[2]ウ

Let's TRY 練習問題

1 右の図のように，土で山をつくって水を流しました。次の問題に答えましょう。

(1) ㋐では，土がけずられていました。このように，流れる水で土がけずられるはたらきを何といいますか。

(2) ㋑では，土がどのように積もっていますか。正しいものを，次の ㋐～㋒ から１つ選びましょう。

㋐ 内側と比べて外側に多くの土が積もっていた。

㋑ 外側と比べて内側に多くの土が積もっていた。

㋒ 内側と外側には同じくらいの土が積もっていた。

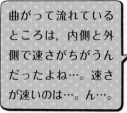

曲がって流れているところは，内側と外側で速さがちがうんだったよね…。速さが速いのは…。ん…。

レモン，あと一歩だな。内側は流れがおそく，外側は流れが速くなるぞ。

2 土でつくった山に水を流すと，土がけずられました。次の問題に答えましょう。

(1) けずられた土は運ばれました。このように，流れる水が土などを運ぶはたらきを何といいますか。

(2) 水の量をふやして同じように水を流すと，土がけずられる深さはどのようになりますか。

川の流れとはたらき

川のようすとはたらきについておさえよう。

① 川のようす

 川はばがせまくて土地のかたむき が大きく，**流れが速くて**，まわり は切り立った**がけ**になっているわ。

 平地へと行くにしたがって，**川はばが広く**， 土地のかたむきが小さくなっていくんだ。

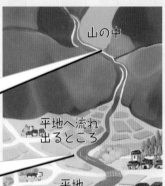

山の中

平地へ流れ 出るところ

平地

② 石の形と大きさ

山の中　　　　平地へ流れ出るところ　　　　平地

角ばった石　　　　　　　　　　　　　　小さくて丸い石

平地へ流れ出るとこ ろの石は，山の中 の石と平地の石の 中間の大きさ・形を しているのよね。

 大切! ルナはよく知っているな。その通りだ。山の中 の石が水に流されていくうちに，われたりけず られたりするから，小さくて丸い石になるんだ。

練習問題の答え ① (1)しん食　(2)イ　② (1)運ぱん　(2)深くなる。

Let's TRY 練習問題

1 右の図は**川のようす**を表しています。次の問題に答えましょう。

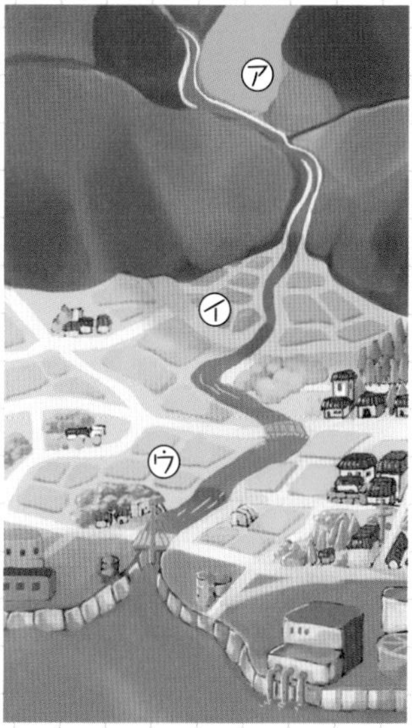

(1) ㋐～㋒のうち，いちばん流れが速いところはどこですか。

(2) ㋐～㋒では，川はばはどのようになっていますか。正しいものを，次の[ア]～[ウ]から１つ選びましょう。

[ア] ㋐の川はばがいちばんせまく，㋑，㋒と行くにしたがって，川はばが広くなる。

[イ] ㋐の川はばがいちばん広く，㋑，㋒と行くにしたがって，川はばはせまくなる。

[ウ] ㋐～㋒の川はばは，すべて同じくらいである。

川はばもちがうんだったよね。リク先生，わすれちゃったよー！

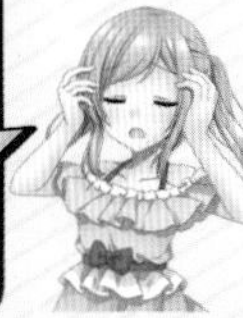

レモン，落ち着け。土地のかたむきが小さいところは，川はばが広いんだろ。

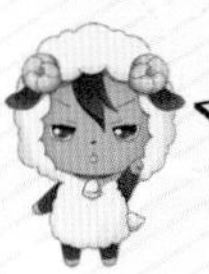

2 右の図のように，**小さくて丸い石**がたくさん見られるのは，どのようなところですか。**正しいものを，次の[ア]～[ウ]から１つ選びましょう。**

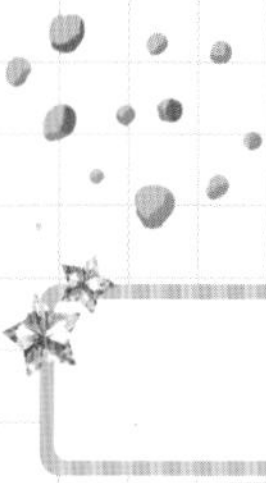

[ア] 山の中　　[イ] 平地へ流れ出るところ　　[ウ] 平地

14 電磁石の性質

電磁石のはたらきや性質についておさえよう。

① 電磁石のはたらき

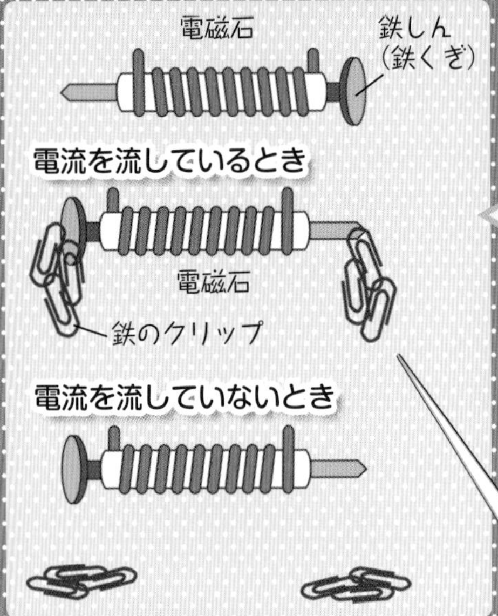

大切！

コイルに**鉄しん**を入れ，電流を流したときに磁石のはたらきをするものを**電磁石**というんだ。

コイルは，導線を同じ向きに何回もまいたものなのよね，リク先生♪

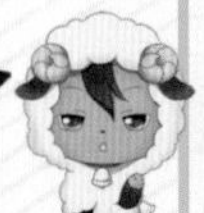

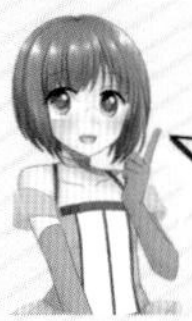

コイルに電流を流したときだけ，電磁石のはしに鉄のクリップが引きつけられるぞ。

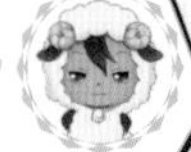

② 電磁石の極

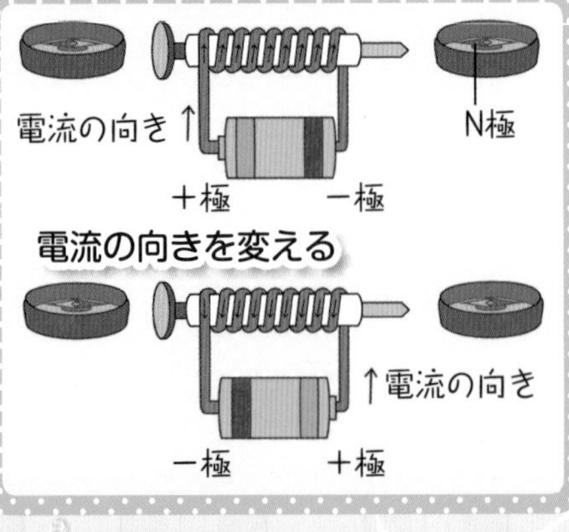

大切！

電磁石の両はしにはN極・S極があり，電流の向きを変えると，**N極・S極が入れかわる**んだ。電流の向きが変わってもオレの心は変わらないからな…。

練習問題の答え　[1](1)㋐　(2)ア　[2]ウ

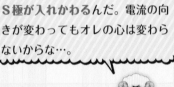

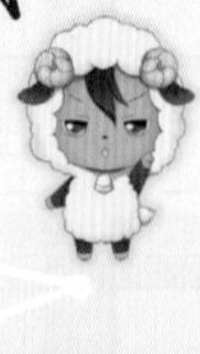

Let's TRY 練習問題

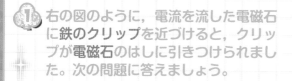

1 右の図のように，電流を流した電磁石に鉄のクリップを近づけると，クリップが電磁石のはしに引きつけられました。次の問題に答えましょう。

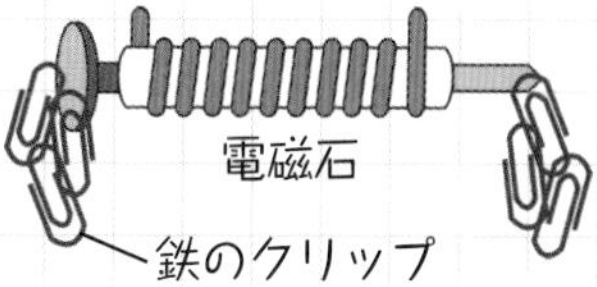

電磁石
鉄のクリップ

(1) 電磁石は，導線を同じ向きに何回もまいたものに鉄しんを入れたものです。導線を同じ向きに何回もまいたものを何といいますか。

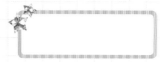

(2) 電流を流すのをやめると，鉄のクリップはどのようになりますか。正しいものを，次の[ア]～[ウ]から１つ選びましょう。

[ア] 電磁石のはしに引きつけられたままである。

[イ] 鉄のクリップがさらに引きつけられる。

[ウ] 電磁石からはなれて落ちる。

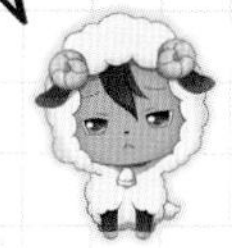

電磁石が磁石と同じはたらきをするのは，電流を流している間だけだ。

2 電磁石に電流を流すと，方位磁針(じしん)の針(はり)が右の図のようにふれました。電流を流す向きを逆(ぎゃく)にすると，㋐，㋑の方位磁針の針はどのようにふれますか。正しいものを，次の[ア]～[ウ]から１つ選びましょう。

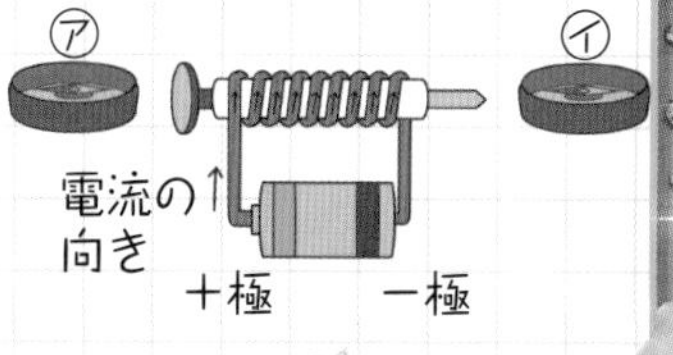

㋐
㋑
電流の向き
＋極
－極

[ア] ㋐のみ逆にふれる。　[イ] ㋑のみ逆にふれる。

[ウ] ㋐，㋑の両方とも逆にふれる。

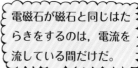

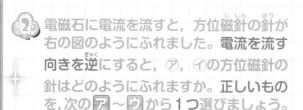

これだけはおさえて！

電磁石は電流を流したときだけ鉄を引きつけるよ。

電流を流すと磁石になるからな。

電磁石の強さ

電磁石の強さが変わる条件についておさえよう。

⓵ 電磁石の強さ

電流の強さを強くしたりコイルのまき数を多くしたりすると，
電磁石が鉄を引きつける力が強くなる

大切！

かん電池1個のときと比べて，かん電池2個のほうが，**電流は強い**わ。

電磁石が鉄を引きつける力が強くなると，引きつける鉄のクリップの数が多くなるんだ。

かん電池1個

100回まき

スイッチ

鉄のクリップ

電流計

かん電池2個直列つなぎ

100回まき

かん電池1個

100回まき

スイッチ

鉄のクリップ

電流計

かん電池1個

200回まき

② 電流計の使い方

電流計は回路に直列つなぎになるようにつなぐ

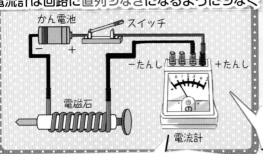

かん電池

スイッチ

電磁石

ーたんし　＋たんし

電流計

電流計がこわれるから，電流計にかん電池だけをつないだらダメだぞ。これはオレとの約束だからな…。

ーたんしは，はじめに5Aのたんしにつなぐんだ。

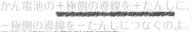
かん電池の＋極側の導線を＋たんしに，ー極側の導線をーたんしにつなぐのよ。

　練習問題の答え　　１(1)コイル　(2)ウ　②ウ

Let's TRY 練習問題

1 **コイルのまき数**や**かん電池のつなぎ方**を下の図のようにして，**電磁石**に鉄のクリップを近づけました。次の問題に答えましょう。

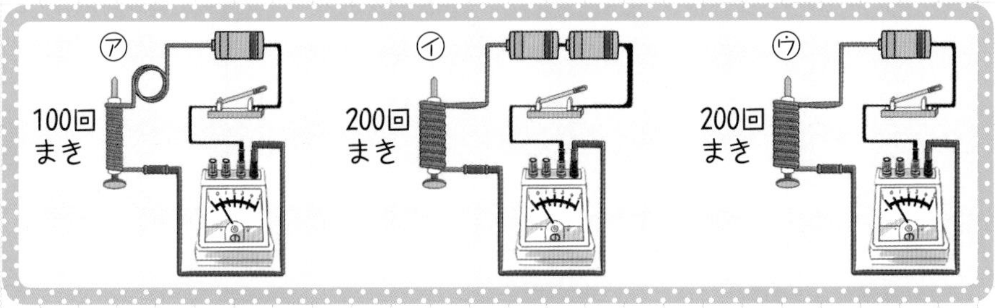

㋐
100回
まき
㋑
200回
まき
㋒
200回
まき

(1) 電流の強さと電磁石の強さとの関係を調べるためには，㋐～㋒のうちどれとどれを比べればよいですか。

　　と

(2) 引きつけられた鉄のクリップの数がいちばん多いものを，㋐～㋒から１つ選びましょう。

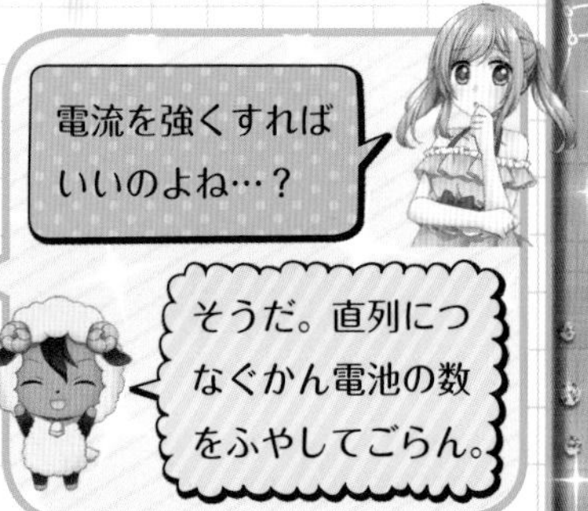

電流を強くすれば
いいのよね…？
そうだ。直列につ
なぐかん電池の数
をふやしてごらん。

2 **電流計**について，次の問題に答えましょう。

(1) 図の㋐～㋓のうち，かん電池の－極側の導線をはじめにつなぐたんしはどれですか。

(2) 電流計は，回路にどのようにつなぎますか。正しいものを，次の[ア]～[ウ]から１つ選びましょう。

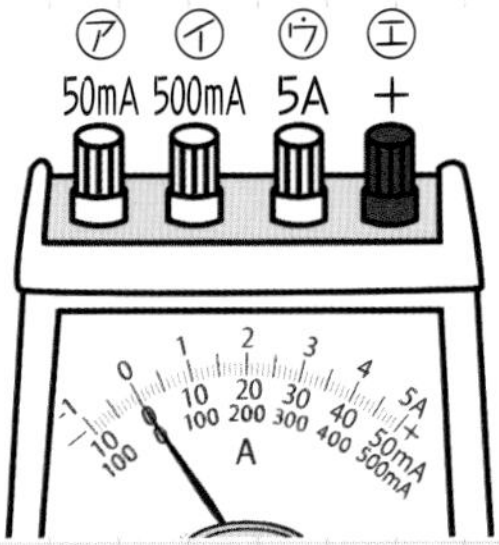

㋐ ㋑ ㋒ ㋓
50mA 500mA 5A ＋
A

[ア] かん電池だけをつなぐ。

[イ] 回路にへい列つなぎになるようにつなぐ。

[ウ] 回路に直列つなぎになるようにつなぐ。

16 もののとけ方

ものが水にとけるようすについておさえよう。

① 水よう液の重さ

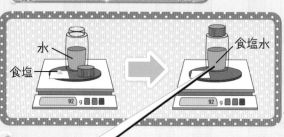

水

食塩

食塩水

92 g

92 g

ものが水にとけて，とう明になった液を水よう液というのよね。

大切! ルナ，その通りだ。食塩を水にとかす前も，とかしたあとも，**全体の重さは変わらないんだ**。これも覚えておくんだぞ。

食塩のつぶが水全体に広がるから，水よう液のこさはどこも同じなんだ。

② 水にとけるものの量

水50mLにとけるものの量には限りがある

水の温度	10℃	30℃	50℃
食塩	18g	18g	18g
ミョウバン	4g	8g	18g

ものの種類によって，水にとける量は**決まっていて**，水の温度を上げたときの，とける量の変化は，とかすものによってちがうよ。

スポイト

メスシリンダー

100 mL

100
10 90
20 80
30 70
40 60
50

× ▼

○ ◁

× ◁

50

水50mLをはかりとるときは，50の目もりよりも少し下まで水を入れてから，スポイトで少しずつ水を加えるのよ。

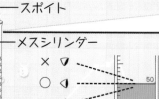

真横から見たときに，**水面のへこんだ面**が「50」の目もりと重なるようにするんだ。

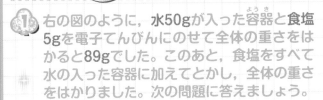

練習問題 Let's TRY

1 右の図のように，水50gが入った容器と食塩5gを電子てんびんにのせて全体の重さをはかると89gでした。このあと，食塩をすべて水の入った容器に加えてとかし，全体の重さをはかりました。次の問題に答えましょう。

水
食塩
89 g

① 食塩をすべてとかしたあと，全体の重さは何gになりますか。

g

食塩を水にとかすと，食塩が見えなくなっちゃった！全体の重さは減るのかな？

② 食塩を水にとかしたように，ものが水にとけてとう明になった液を何といいますか。

レモン，それはちがう。水にとかしたあとも，全体の重さは変わらないんだ。

2 メスシリンダーを使って，水60mLをはかりとります。次の問題に答えましょう。

① はじめに，どのぐらいの量の水を入れますか。正しいものを，次のア，イから１つ選びましょう。

ア 「60」の目もりより少し下

イ 「60」の目もりより少し上

② 水がちょうど60mL入っているとき，メスシリンダーの目もりは，右の図のア〜ウのうち，どの向きから読みとりますか。

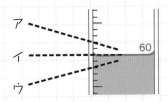

ア
イ
ウ
60

17 とけたもののとり出し方

水よう液からとけたものをとり出す方法についておさえよう。

水よう液からとけたものをとり出す方法

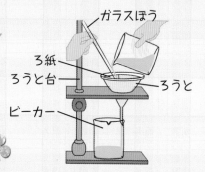

ガラスぼう
ろ紙
ろうと台
ろうと
ビーカー

！大切！
水にミョウバンと食塩
をそれぞれ加えて，と
け残りが出ている水よ
う液をろ過して，とけ
残りをとりのぞくのよ。

ろ過した液を冷やす

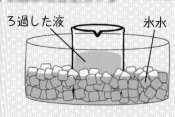

ろ過した液　　氷水

ミョウバン　　食塩

ミョウバンのつぶは出てきたけれど，食
塩のつぶはほとんど出てきてないぞ。

ろ過した液から水をじょう発させる

じょう発皿　　ろ過した液

ミョウバン

食塩

ろ過した液を少量とり，
じょう発皿に入れて加熱する

ミョウバンのつぶも食塩の
つぶも，両方出てきたわ。

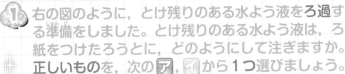

練習問題

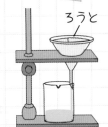

ろうと

1 右の図のように，とけ残りのある水よう液をろ過する準備をしました。とけ残りのある水よう液は，ろ紙をつけたろうとに，どのようにして注ぎますか。正しいものを，次の **ア**，**イ** から1つ選びましょう。

ア ビーカーから直接注ぐ。

イ ガラスぼうを伝わらせて静かに注ぐ。

ろ過ってどうやるんだっけ？

ろ過する液は，少しずつろうとに注ぐんだっただろ。レモン，これでわかるか？

2 とけ残りをとりのぞいたミョウバンと食塩の水よう液を冷やしたり，水をじょう発させたりしました。次の問題に答えましょう。

(1) 水よう液を冷やしたとき，つぶが出てきたのは，ミョウバンと食塩のどちらの水よう液ですか。

(2) できるだけ多くの食塩のつぶをとり出す方法について，正しいものを，次の **ア**〜**ウ** から1つ選びましょう。

ア 水よう液を冷やすよりも，水をじょう発させるほうがよい。

イ 水をじょう発させるよりも，水よう液を冷やすほうがよい。

ウ 水よう液を冷やしても，水をじょう発させてもどちらでもよい。

これだけはおさえて！

理科が好きになってきたわ♪

水よう液を冷やしても，つぶをとり出せないものがあるよ。

好きなのは理科だけか？

18

ふりこ

ふりこの性質についておさえよう。

① ふりこの1往復

糸におもりをつるし，おもりがふれるようにした
ものをふりこという

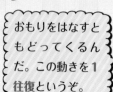

おもりをはなすと
もどってくるん
だ。この動きを1
往復というぞ。

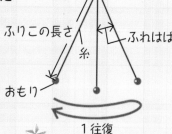

ふりこの長さ ← → ふれはば

糸

おもり

1往復

② ふりこが1往復する時間

おもりの重さを変える

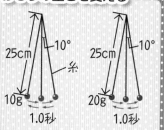

25cm ─ 10°
糸
10g
1.0秒

25cm ─ 10°
20g
1.0秒

ふれはばを変える

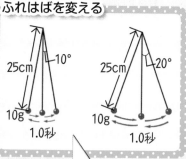

25cm ─ 10°
10g
1.0秒

25cm ─ 20°
10g
1.0秒

おもりの重さやふれはばを変えても，
1往復する時間は変わらないのね。

ふりこの長さを変える

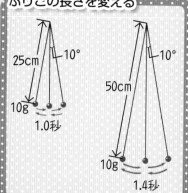

25cm ─ 10°
10g
1.0秒

─ 10°
50cm
10g
1.4秒

大切!

ふりこの長さが長いほど，1往
復する時間が長くなるんだ。

　練習問題の答え　①イ　②(1)ミョウバン　(2)ア

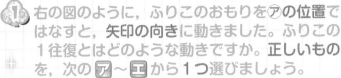

① 右の図のように, ふりこのおもりを㋐の位置で
はなすと, 矢印の向きに動きました。ふりこの
1往復とはどのような動きですか。正しいもの
を, 次の ㋐～㋓ から1つ選びましょう。

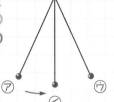

㋐ ㋐→㋑の動き

㋑ ㋐→㋑→㋒の動き

㋒ ㋐→㋑→㋒→㋑の動き

㋓ ㋐→㋑→㋒→㋑→㋐の動き

ふりこの1往復って,
どんな動きだっけ？

おもりをはなしてか
らもどってくるまで
だろ。オレの気持ち
ははなれないぞ…。

② 下の図のような4つのふりこを使って, ふりこが1往復する時
間を調べました。あとの問題に答えましょう。

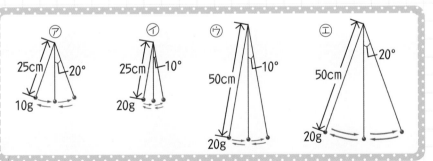

[1] 1往復する時間がふりこ㋐と同じものを
㋑～㋓から1つ選びましょう。

[2] 1往復する時間とふれはばとの関係を調べるには, ㋐～㋓のどのふりこ
とどのふりこを比べればよいですか。

と

 おさえておこう!
ポイントまとめ キーワードは
リズムでおぼえよう!

 ③ ⑤ でやったよ!

ポイント1 植物の発芽や成長に必要な条件

種子が発芽するのに必要な条件…水，空気，適当な温度
植物が成長するのに必要な条件…日光，肥料

> 植物の成長には，水，空気，
> 適当な温度も必要なんだ。

 ④ でやったよ!

ポイント2 種子のつくり

根，くき，
葉になる部分

子葉

> 子葉にはでんぷんがふ
> くまれていて，でんぷ
> んは発芽のために使わ
> れるんだったわよね。

ポイント3 メダカのおすとめすの見分け方 でやったよ!

おす
せびれ
しりびれ

めす

> おすのせびれは切れこみが
> あって，しりびれは平行四辺
> 形に近い形をしているのね。

> めすのせびれは切れこみがなく，
> しりびれのうしろが短いんだ。

練習問題の答え ①(1)エ ②(1)イ (2)ウとエ

ポイント4　花のつくり

9 でやったよ！

アサガオ

花びら
おしべ
めしべ
がく

ヘチマ

おばな

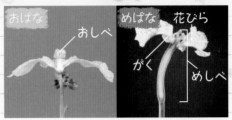

おしべ

めばな　花びら

がく

めしべ

ポイント5　流れる水のはたらき

12 でやったよ！

水の流れるところ		流れの速さ	おもなはたらき
かたむき	急	速い	しん食，運ぱん
	ゆるやか	おそい	たい積
曲がっているところ	外側	速い	しん食，運ぱん
	内側	おそい	たい積

ポイント6　電磁石の極

14 でやったよ！

電流の向きを変えると，N極・S極が入れかわるのよね。

電流の向きを変える

N極

電流の向き ↑

＋極　　－極

－極　　＋極

↑ 電流の向き

111

⇒答えと解説は
P.199

① 雲のようすと天気について，次の問題に答えましょう。

☐ **[1]** 空全体の広さを10として，雲の量が7のときの天気は，晴れ，くもりのどちらですか。
復習P074

☐ **[2]** 天気は，どのように変化していくことが多いですか。正しいものを，次の ア，イ から1つ選びましょう。 復習P076

ア 東から西に変化する。　　　**イ** 西から東に変化する。

広いはんいの雲は，およそ
西から東へ動いていくんだ。

② 植物の発芽や成長に必要な条件について，次の問題に答えましょう。

☐ **[1]** 植物の発芽に必要な条件を3つ答えましょう。 復習P078

☐ **[2]** 植物の成長に必要な条件を，発芽に必要な条件以外で2つ答えましょう。 復習P082

実験を
思い出そう！

☐ **③** メダカで，せびれに切れこみがあるのは，おす，めすのどちらですか。 復習P084

□ 4 右の図は，母親の体内の子どものようすです。図の㋐の部分を何といいますか。

復習P088

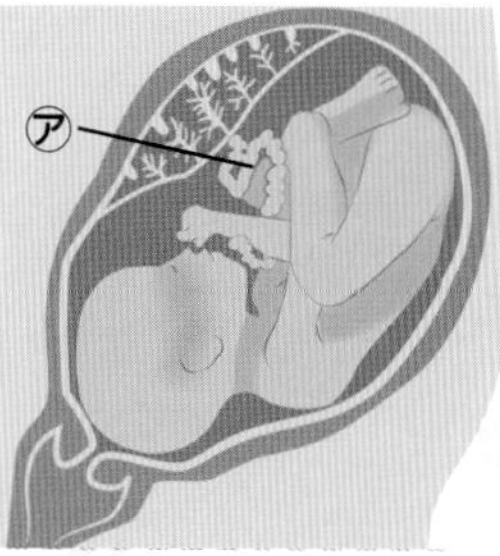
㋐

□ 5 下の図のように，ヘチマのめばなを使って㋐，㋑の実験を行いました。㋐，㋑のうち，実ができたのはどちらですか。

復習P092

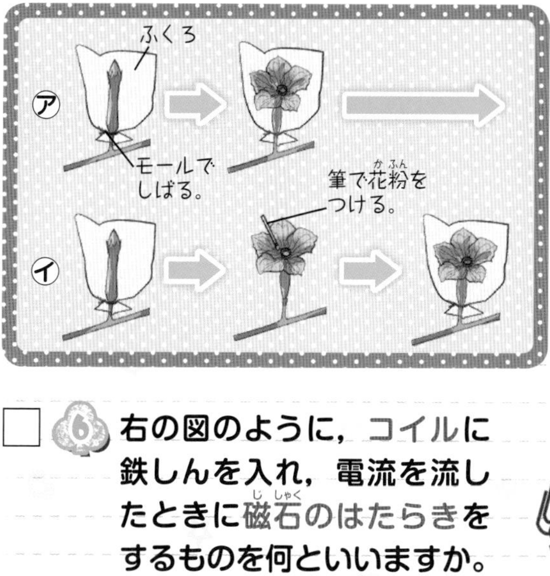
ふくろ
㋐
モールでしばる。
筆で花粉(かふん)をつける。
㋑

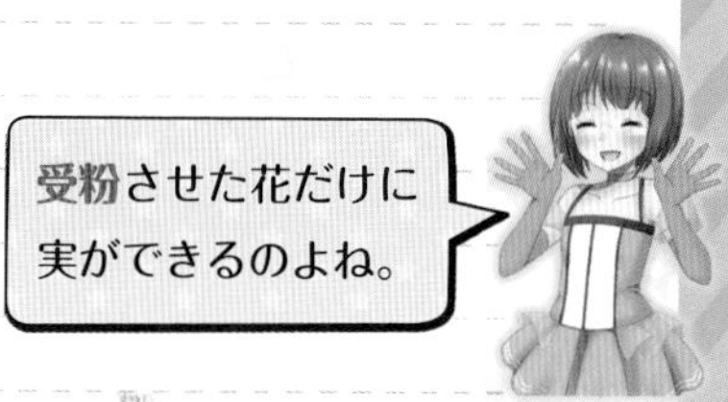
受粉させた花だけに実ができるのよね。

□ 6 右の図のように，コイルに鉄しんを入れ，電流を流したときに磁石(じしゃく)のはたらきをするものを何といいますか。

復習P100

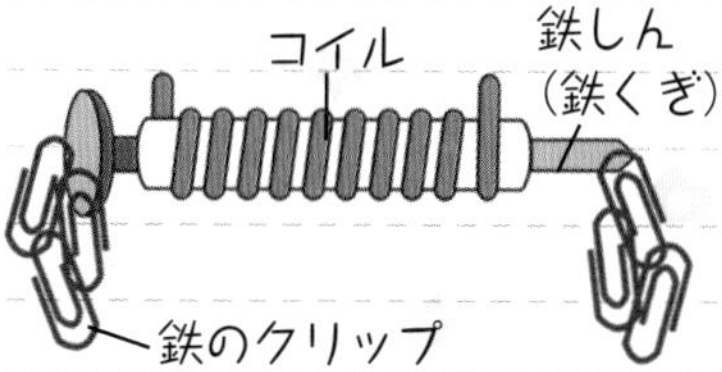
コイル
鉄しん
(鉄くぎ)
鉄のクリップ

□ 7 100gの水に20gの食塩をとかして食塩水をつくりました。この食塩水の重さは何gですか。

復習P104

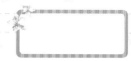

プチ休けい

花びらの美しさに かくされたひみつ ♥

花びらはきれいな色の
ものが多いだろ。実は，
これには理由があるんだ。

花には，いろいろな色の花びらをもつものがあります。これは，虫に好かれるためでもあります。

花は，おしべでつくった花粉（かふん）をめしべにつけて，子孫を残すのですが，自分で花粉をめしべにつけることができない花が多いのです。そこで，花はいろいろな色の花びらをつけたり，かおりを出したりすることによって，こん虫を引きよせます。こん虫が花のみつをすったり，花粉を集めたりすると，こん虫のからだやあしに花粉がつきます。その花粉がめしべについて受粉するのです。

つまり，花がいろいろな色の花びらをもつのは，こん虫を引きよせるためなのです。

花に色やかおりがあるのは，こん虫を引きよせるためだったのね！

4時間目

社会
Social Studies

日本について、
さまざまな
角度から
見ていくよ！

世界の中の日本

世界の国々についておさえよう！

 世界の大陸と海洋

世界には6つの大陸があるんだ！

- ユーラシア大陸
- 北アメリカ大陸
- 太平洋（たいへいよう）
- 大西洋（たいせいよう）
- アフリカ大陸
- 南アメリカ大陸
- インド洋
- オーストラリア大陸
- 南極大陸（なんきょく）

日本はここね！

 世界の国々

世界中には，たくさんの国があるんだ。国ごとに国旗があるぞ。

日本

アメリカ合衆国（がっしゅうこく）

大韓民国（だいかんみんこく）

中華人民共和国（ちゅうかじんみんきょうわこく）

Let's TRY 練習問題

練習問題の答えは次のページにあります。

① 地図中の空らんにあてはまる大陸名・大洋名を書きましょう。

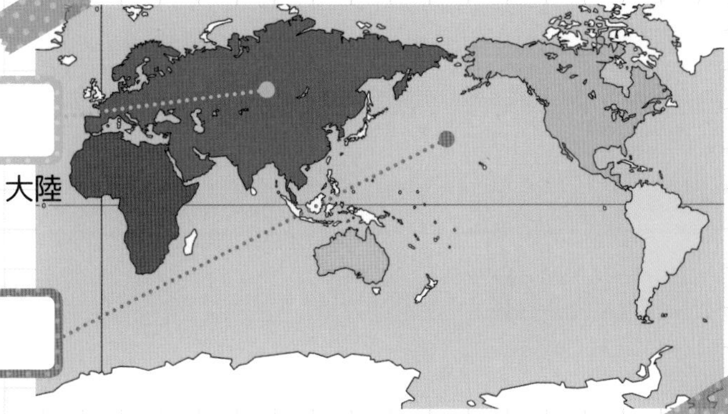

(1) [　　　　　]

大陸

(2) [　　　　　]

② 次の国旗が示す国を，あとの ア ～ エ から1つずつ選びましょう。

① [　　　　　]

② [　　　　　]

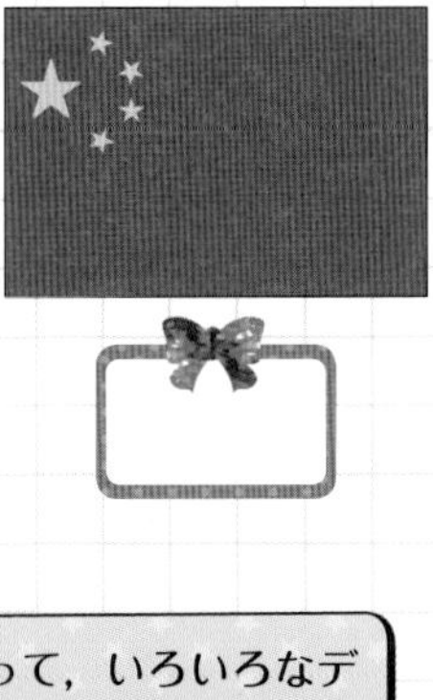

ア 日本

イ アメリカ合衆国

ウ 中華人民共和国

エ 大韓民国

> 国旗って，いろいろなデザインがあるのね。たくさんの国の国旗を見てみたいな！

2 日本の国土

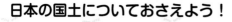

日本の国土についておさえよう！

① 日本の国土と近くの国々

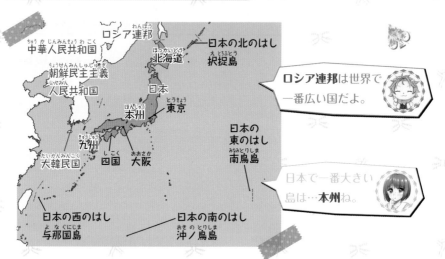

ロシア連邦(れんぽう)

中華人民共和国(ちゅうかじんみんきょうわこく)

朝鮮民主主義人民共和国(ちょうせんみんしゅしゅぎじんみん)

大韓民国(だいかんみんこく)

日本の北のはし
北海道(ほっかいどう)
択捉島(えとろふとう)

日本
本州(ほんしゅう)
東京(とうきょう)

九州(きゅうしゅう)
四国(しこく)
大阪(おおさか)

日本の東のはし
南鳥島(みなみとりしま)

日本の西のはし
与那国島(よなぐにじま)

日本の南のはし
沖ノ鳥島(おきのとりしま)

ロシア連邦は世界で一番広い国だよ。

日本で一番大きい島は…本州ね。

② 地球儀(ちきゅうぎ)の見方

地球儀は，地球の形をほぼそのまま小さくした模型(もけい)だ！緯度(いど)と経度(けいど)を見れば，地球上での位置がわかるぞ。

大切！

へえ〜，緯度が0度の緯線を，赤道(せきどう)というのね！

緯線

北極

赤道

経線

南極

練習問題の答え　①(1)ユーラシア　(2)太平洋　②(1)イ　(2)ウ

1 次の文の空らんにあてはまる**方位**を書きましょう。

1 日本の [　　　　　] のはしは, 択捉島です。

大切! 択捉島は, 北方領土の1つだぞ!

日本の領土だけど, ロシア連邦が不法に占領しているのよ。

2 日本の [　　　　　] のはしは, 沖ノ鳥島です。

レモン, 沖ノ鳥島はどうして島のまわりをコンクリートで囲んでいるの?

しずまないように, 波から島を守っているのよ。

2 次の空らんにあてはまる**言葉**を書きましょう。

緯度0度の緯線を [　　　　　] と いいます。

緯線は南北の位置, 経線は東西の位置を示しているのね。緯度0度の緯線は, 日本を通っていないわ。

日本の地形

日本の地形をおさえよう。

1 日本のさまざまな地形を見てみよう。

わぁ！山地や山脈（さんみゃく）が多いのね。

大切！ 日本の約4分の3は山地や山脈なんだ！

日本の中央部の高い山をまとめて，日本アルプスというのよ！

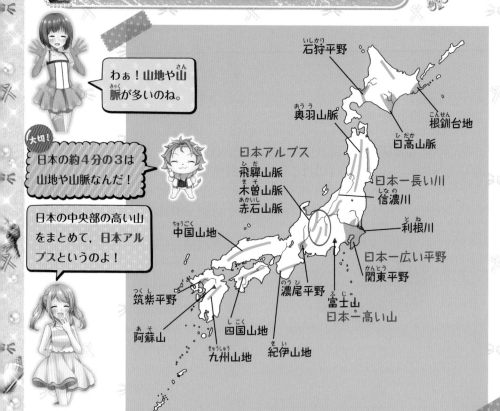

石狩（いしかり）平野

奥羽（おうう）山脈

根釧（こんせん）台地

日高（ひだか）山脈

日本アルプス

飛騨（ひだ）山脈
木曽（きそ）山脈
赤石（あかいし）山脈

日本一長い川
信濃（しなの）川

中国（ちゅうごく）山地

利根（とね）川

日本一広い平野
関東（かんとう）平野

濃尾（のうび）平野

富士（ふじ）山
日本一高い山

筑紫（つくし）平野

阿蘇（あそ）山

四国（しこく）山地

九州（きゅうしゅう）山地

紀伊（きい）山地

2 日本の川と世界の川を比べてみよう。

大切！ 日本の川は，世界の川と比べて，川の長さが短く，流れが急なんだぜ！

高さ(m)

木曽川（きそ）
（229km）

信濃川（しなの）（367km）

利根川（とね）
（322km）

ミシシッピ川
（6019km）

アマゾン川
（6516km）

長さ(km)

練習問題の答え　1 (1)北　(2)南　2 赤道

Let's TRY 練習問題

1 地図中の空(くう)らんにあてはまる**地名**を，次の**ア～エ**から1つずつ選びましょう。

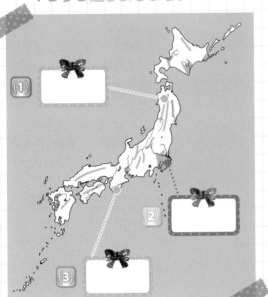

①

②

③

ア 濃尾平野

イ 紀伊山地

ウ 関東平野

エ 奥羽山脈

ねえねえ，盆地(ぼんち)って何かな？

盆地は，まわりを山で囲まれた平地のことよ！

2 次の文にあてはまる**言葉**を，空らんから選んで○をつけましょう。

日本の川は，世界の川と比べると，

長さが ❶ **長く ・ 短く** ，

流れが ❷ **急 ・ ゆるやか** です。

日本は山地が海岸の近くまでせまっているんだ。

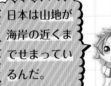

日本の気候

日本の気候をおさえよう。

① 日本の気候の特色

冬	夏
日本海側に雪がふる。	太平洋側で雨がふる。

山地 日本海 太平洋

しめった風　かわいた風

山地 日本海 太平洋

かわいた風　しめった風

大切！

季節風は，夏と冬でふく向きの変わる風だ！

6〜7月ごろに梅雨，夏から秋に台風がくると，たくさんの雨がふるよね！

② 日本各地の気候

北海道の気候
1年を通して雨が少なく，冬の寒さがきびしい。

日本海側の気候
冬に雪が多い。

中央高地の気候
1年を通して雨が少なく，夏と冬の気温差が大きい。

太平洋側の気候
冬は雨が少なく，夏はむし暑い。

瀬戸内の気候
1年を通して雨が少ない。

南西諸島の気候
1年を通して雨が多く，あたたかい。

日本の気候は6つに区分されるわ！

むずかしそうね…覚えられるかちょっと心配。

季節風といっしょに覚えれば，かんたんさ。がんばろう♪

練習問題の答え　①(1)エ　(2)ウ　(3)イ　②①短く　②急

Let's TRY 練習問題

1 次の文の空らんにあてはまる**言葉**を，［　　］から選んで
書きましょう。

[1] 夏から秋にかけて発生する  は，強い風と大雨で各地

にひ害をだすこともあります。

[2] 中央高地の気候は，1年を通して雨が少なく，夏と冬の気温差が

［　　　　　　　　　　　　　　　　　　　　］。

> 梅雨　台風　大きい　小さい

2 次の文にあてはまる**言葉**を，空らんから選んで○をつけましょう。

冬の季節風は，下の図中の ❶ **ア** ・ **イ** からふくため，

❷ **日本海** ・ **太平洋** 側に，たくさんの雨や雪がふる。

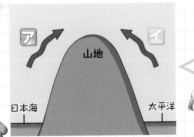

季節風の向きが覚えられないわ…。

冬は北西の方角から，夏は南東の方角から季節風がふくのよ！

これだけはおさえて！

季節風と日本各地の気候の
特ちょうをおさえよう！

最近は日本の気候も夏がすごく暑かったりで，おかしくなってるよね。

冬はすごく寒いし…。

5 さまざまな土地のくらし

さまざまな土地のくらしをおさえよう。

1 あたたかい地いきと寒い地いきのくらし

★一年中あたたかい沖縄県★

石垣や防風林，しっくいでとめたかわらなどで台風に備えていました。

★冬の寒さがきびしい北海道★

二重窓や断熱材を使って，冷たい空気が家の中に入らないようにします。

> 上の絵は沖縄県の伝統的な家だよ！沖縄県の現在の家はコンクリートづくりで，水不足に備えて屋上に貯水タンクがあるぜ。

2 低地と高地のくらし

♠ **低地のくらし**…洪水などを防ぐために，家や田畑を堤防で囲んでいます。洪水のときは水屋にひなんします。

> これを輪中というよ！

堤防　　母屋　水屋　　堤防

♠ **高地のくらし**…夏でもすずしい気候を生かして，キャベツやレタスなどの野菜をさいばい・出荷しています。

練習問題の答え　①(1)台風　(2)大きい　②①ア　②日本海

練習問題 Let's TRY

① 次の❶～❹は，それぞれ ア・イ どちらの家のくふうですか，
   1つずつ選びましょう。

❶ しっくいでかわらをとめている。

ア

❷ 二重の窓ガラスになっている。

❸ 家のまわりを防風林で囲んでいる。

イ

❹ かべなどにたくさんの断熱材を入れている。

② 次の文の空らんにあてはまる言葉を書きましょう。

[1] 標高の高い高地では，夏でも

 気候を

生かして，キャベツやレタスな
どの野菜をさいばい・出荷して
います。

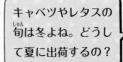

キャベツやレタスの
旬は冬よね。どうし
て夏に出荷するの？

ほかの地いきは暑くて，
夏にさいばいできない
から，高く売ることが
できるのよ！

[2] 洪水の起こりやすい低地では，家や田畑を堤防で囲んでいます。

   これを　　　　　　　　　　といいます。

6 日本の農業の特色

日本の農業の特色をおさえよう。

食べ物のおもな産地をまとめてみよう。

おもな産地をまとめてみたわ！

農業産出額は，**北海道**が日本一！

米の収かく量が日本一！

りんごはすずしい地いき，みかんはあたたかい地いきでさいばいされているんだ！

夏のすずしい気候を生かした野菜づくり。

旬の時期からずらしてさいばいしている地いきもあるのね。

北海道（ほっかいどう）

青森県（あおもり）

新潟県（にいがた）

愛媛県（えひめ）

長野県（ながの）

和歌山県（わかやま）

鹿児島県（かごしま）

宮崎県（みやざき）

沖縄県（おきなわ）

九州（きゅうしゅう）の南部は，肉牛やぶたを飼育（いく）するちく産が行われているわ。

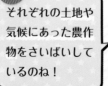
大切！

それぞれの土地や気候にあった農作物をさいばいしているのね！

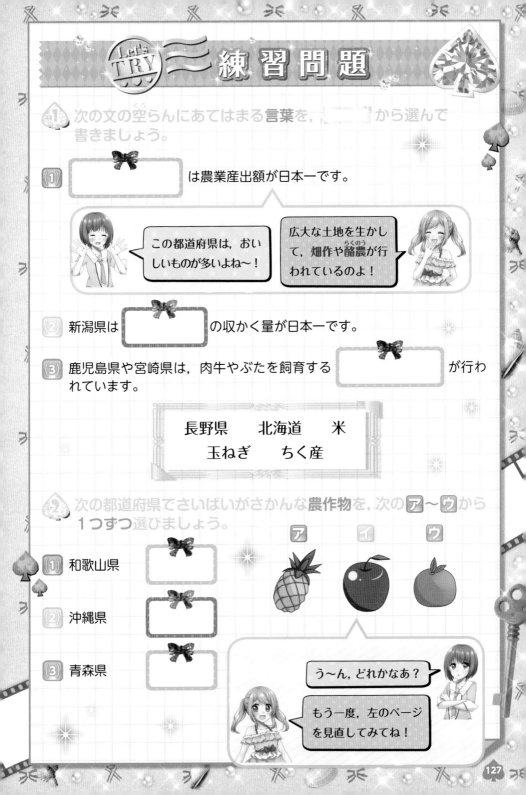

① 次の文の空らんにあてはまる言葉を，[　　]から選んで書きましょう。

(1) [　　]は農業産出額が日本一です。

この都道府県は，おいしいものが多いよね～！

広大な土地を生かして，畑作や酪農が行われているのよ！

(2) 新潟県は[　　]の収かく量が日本一です。

(3) 鹿児島県や宮崎県は，肉牛やぶたを飼育する[　　]が行われています。

長野県　　北海道　　米
玉ねぎ　　ちく産

② 次の都道府県でさいばいがさかんな農作物を，次のア～ウから1つずつ選びましょう。

ア　イ　ウ

(1) 和歌山県 [　　]

(2) 沖縄県 [　　]

(3) 青森県 [　　]

う～ん，どれかなあ？

もう一度，左のページを見直してみてね！

7 日本の農業ー米づくり

日本の米づくりについておさえよう。

1 米づくりのようす

 米づくりカレンダーを見てみよう。

3月	4月	5月	6月	7月	8月	9月	10月
種もみを選ぶ	種まき・苗を育てる	代かき	田植え	水の管理	農薬をまく	穂が出る	稲かり	かんそう・もみすり	出荷 たい肥づくり

代かきって何をしているの？

水を入れた田んぼの土をかき混ぜて，平らにしているのよ！

2 米づくりのくふう

 品種改良…さまざまな品種をかけ合わせて，新しい品種をつくることです。

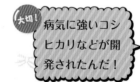
大切！ 病気に強いコシヒカリなどが開発されたんだ！

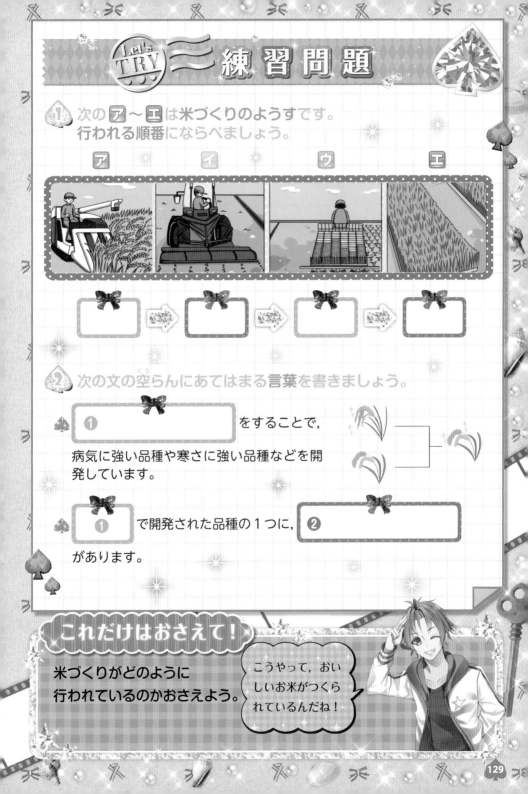

練習問題

1 次の ア～エ は米づくりのようすです。行われる順番にならべましょう。

ア　イ　ウ　エ

□ → □ → □ → □

2 次の文の空らんにあてはまる言葉を書きましょう。

① [　　　　　] をすることで, 病気に強い品種や寒さに強い品種などを開発しています。

① で開発された品種の1つに, ② [　　　　　] があります。

これだけはおさえて!

米づくりがどのように行われているのかおさえよう。

こうやって, おいしいお米がつくられているんだね!

129

8 ♠ 日本の水産業（1）

漁業の種類と生産量の移り変わりをおさえよう。

 さまざまな漁業

とる漁業は，自然の魚をとっているんだ！

★ とる漁業 ★

1. **沿岸漁業**…海岸近くの海で，日帰りで漁を行う。
2. **沖合漁業**…日本の近くの海で，数日かけて漁を行う。
3. **遠洋漁業**…遠くはなれた海で，数か月から1年ほどかけて漁を行う。

★ つくり育てる漁業 ★

1. **養しょく漁業**

人の手で出荷するまで育てる。

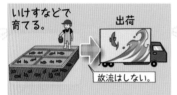

いけすなどで育てる。　出荷　放流はしない。

2. **さいばい漁業**

卵から育て，海や川に放流して成長した魚をとる。

卵をかえす。　いけすなどで育てる。
ち魚・ち貝を放流する。
大きくなった魚や貝などをとる。

② 漁業別漁かく量の変化

とる漁業はだんだん漁かく量が減ってきているのね…。

大切！ かわりに，つくり育てる漁業が行われているんだ！

日本では，沖合漁業の漁かく量が一番多いんだ！

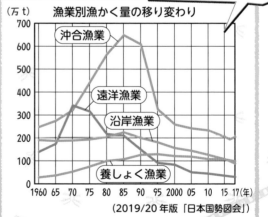

（万t）　漁業別漁かく量の移り変わり

沖合漁業　遠洋漁業　沿岸漁業　養しょく漁業

1960 65 70 75 80 85 90 95 2000 05 10 15 17（年）

（2019/20年版「日本国勢図会」）

Let's TRY 練習問題

1 次の❶～❸の漁業の説明を，あとの ア ～ ウ から１つずつ
選びましょう。

❶ 沿岸漁業 [　　　　　]

❷ 沖合漁業 [　　　　　]

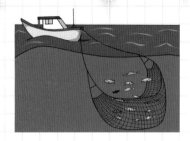

❸ 遠洋漁業 [　　　　　]

ア 日本の近くの海で，数日かけて漁を行う。

イ 遠くはなれた海で，数か月から１年ほどかけて漁を行う。

ウ 海岸近くの海で，日帰りで漁を行う。

2 次の文の空(く)らんにあてはまる**言葉**を書きましょう。

① [　　　　　　　　　] は，魚や貝の卵を育て，ち魚やち貝を放流して，

成長した魚をとります。

② [　　　　　　　　　] は，魚や貝を人の手で

出荷するまで育てる漁業です。

> どこまで育てる
> かがちがうのね。

これだけはおさえて！

養しょく漁業やさいばい漁業などの
つくり育てる漁業が注目されているよ。

> それぞれの漁
> 業のちがいを
> 覚えようね。

9 日本の水産業(2)

日本の水産業のさかんな地いきをおさえよう。

1 魚が食たくにとどくまで

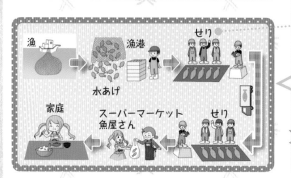

ソラ先生，せりってなに？

品物を買いたい人と，売りたい人が集まって，最も高いねだんをつけた人に売る方法を，せりというんだ！

2 日本のおもな海流と漁港

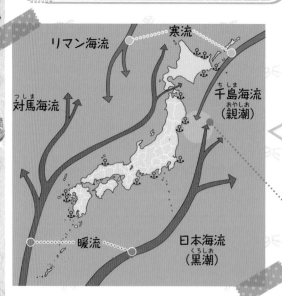

リマン海流

寒流

対馬海流

千島海流
（親潮）

暖流

日本海流
（黒潮）

日本のまわりには，4つの海流が流れているね！

暖かい海流（暖流）と冷たい海流（寒流）があるのね。

大切！ 暖流と寒流がぶつかるところを，潮目というんだ！

200m

大陸だな

🔷 日本のまわりに広がる大陸だなは，魚がたくさん集まるため，よい漁場となっています。

練習問題の答え　1①ウ　②ア　③イ　2(1)さいばい漁業　(2)養しょく漁業

練習問題

1 次の文の空らんにあてはまる**言葉**を書きましょう。

1 水あげされた魚は， [　　　　　　　] でねだんをつけられます。

2 暖流と寒流がぶつかるところを

[　　　　　　　] といいます。

> ソラ先生，どうして潮目では，漁業がさかんなの？

> 魚のえさになるプランクトンが多く，魚の種類も豊富（ほうふ）なんだ！

2 地図中の空らんにあてはまる**海流名**を，次の **ア**〜**エ** から１つずつ選びましょう。

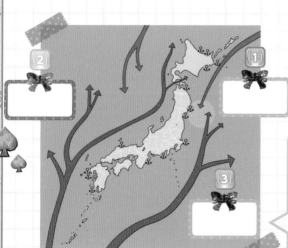

ア 千島海流（親潮）

イ 日本海流（黒潮）

ウ 対馬海流

エ リマン海流

> いろいろな海流があって，ごちゃまぜになっちゃいそう〜！

> ルナ，だいじょうぶよ！１つずつ覚えよう。

10 日本の食料生産

日本の食料生産についておさえよう。

 日本の食料生産の問題点

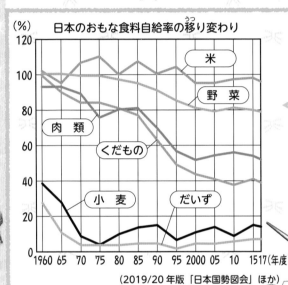

日本のおもな食料自給率の移り変わり

(%)

米

野　菜

肉　類

くだもの

小　麦　　だいず

1960 65 70 75 80 85 90 95 2000 05 10 1517(年度)

(2019/20 年版「日本国勢図会」ほか)

大切! 食料自給率とは，国内で消費された食料のうち，国内で生産された食料の割合のことだよ。

世界の食料自給率

カナダ	264%
アメリカ	130%
日本	39%

(2018年)　（農林水産省）

日本，低い！！！

大切! 食料自給率の低い食料は，輸入によってまかなわれるんだ！

食料を輸入することで，何か問題はあるの？

たとえば，食料を輸入できなかったら，食料不足になっちゃうよ。食料の安全性も心配されているわ。

 日本の食のこれからを考えよう

地産地消…地元で生産した食料を，地元で消費することです。

どこで生産されたのかわかるから，安心ね！

地産地消

練習問題の答え　①(1)せり　(2)潮目　②(1)ア　(2)ウ　(3)イ

Let's TRY 練習問題

① 次の文の空(くう)らんにあてはまる言葉を書きましょう。

[1] とは，国内で消費された食料のうち，国内で生産された食料の割合のことです。

[2] 日本は食料の多くを外国からの  にたよっています。

[3] 地元で生産した食料を，地元で消費することを といいます。

② 次の文にあてはまる言葉を，空らんから選んで◯をつけましょう。

日本の食料自給率は

① **米 ・ 小麦** が高く，

② **野菜 ・ だいず** が低くなっています。

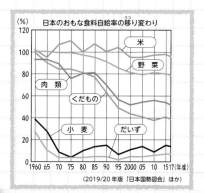

日本のおもな食料自給率の移り変わり

米
野菜
肉類
くだもの
小麦
だいず

(2019/20年版「日本国勢図会」ほか)

これだけはおさえて！

日本の食料生産の問題点について考えてみよう。

スーパーに買い物に行ったら，産地をかくにんしてみよう！

自動車をつくる

自動車をつくるようすをおさえよう。

１ 自動車ができるまで

流れ作業で，効率（こうりつ）よく作業しているんだ！

①プレス ②よう接（せつ）

③とそう ④組み立て

よう接はロボットが作業しているわ！

よう接の作業はあぶないからだよ。

２ 部品はどこから

♠ 自動車工場のまわりには，部品をつくる関連工場があります。

自動車工場

関連工場

大切！

関連工場が，必要な部品を，必要な時刻（じこく）までに自動車工場にとどけるしくみになっているぜ！

練習問題の答え　１(1)食料自給率　(2)輸入　(3)地産地消　２①米　②だいず

さまざまな工業

日本の工業の種類をおさえよう。

① 工業の種類

♠ 工場では，さまざまな製品がつくり出されています。

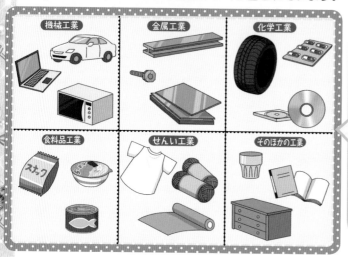

機械工業　金属工業　化学工業
食料品工業　せんい工業　そのほかの工業

大切！
機械，金属，化学工業を重化学工業，そのほかを軽工業というよ。

そのほかの工業には，紙製品などもあるね。

② さまざまな工場

♠ 工場には大工場と中小工場があります。

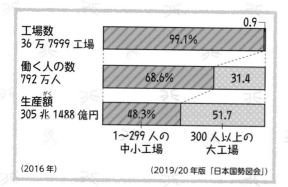

工場数 36万7999工場	99.1%	0.9
働く人の数 792万人	68.6%	31.4
生産額 305兆1488億円	48.3%	51.7

1〜299人の中小工場　300人以上の大工場

(2016年)　(2019/20年版「日本国勢図会」)

中小工場は，工場数も働く人数も多いんだね！

でも生産額は，大工場と変わらないわ！

① 次の工業をあらわしているものを，次の ア～エ から
1つずつ選びましょう。

(1) 金属工業

(2) 機械工業

(3) 化学工業

② グラフを見て正しければ○，まちがっていれば✕を書きましょう。

(1) 機械工業では，大工場
の割合が高い。

(2) 食料品工業では，中小
工場の割合が低い。

	1～299人の中小工場	300人以上の大工場
工場全体	48.1%	51.9
せんい工業	89.2%	10.8
食料品工業	76.3%	23.7
金属工業	58.0%	42.0
化学工業	43.4%	56.6
機械工業	30.5%	69.5

（工場全体は2014年，そのほかは2012年「経済産業省HP」ほか）

上のグラフから
どんなことがわ
かるのかな？

たとえば，軽工業は中
小工場の割合が高いこ
とがわかるわね！

13 工業のさかんな地いき

工業のさかんな地いきについておさえよう。

1 日本の工業のさかんな地いき

中京工業地帯

京浜工業地帯

阪神工業地帯

海の近くが多いのね〜。なぜかしら？

海の近くのほうが，輸送に便利なのよ！

大切！ 工業地帯が集まっている地いきを太平洋ベルトというよ。

2 それぞれの工業地帯の特ちょう

機械工業の割合が大きいね。

	化学工業		食料品工業				
中京工業地帯	機械工業 69.2%			9.1	6.1	4.8	その他 10.0	55兆1211億円（愛知県・三重県）

	金属工業		せんい工業 0.8			
阪神工業地帯	36.2%	20.0	17.2	11.6	13.6	31兆4134億円（大阪府・兵庫県）

0.5 ─ 1.4

| 京浜工業地帯 | 50.9% | 8.3 | 16.6 | 11.1 | 12.6 | 24兆5079億円（東京都・神奈川県） |

（2016年）

（2019/20年版「日本国勢図会」）

日本で一番生産額が多いのは中京工業地帯よ。

練習問題の答え 1 (1)イ (2)ア (3)ウ 2 (1)○ (2)×

練習問題

① 次の問題に答えましょう。

[1] 阪神工業地帯を，地図中の ア ～ ウ から
1つ選びましょう。

[2] 工業地帯が集まっている，⑥の
▨▨▨ の地いきを何といいますか。

② 次の文の空らんにあてはまる言葉を，あとの ア ～ ウ から
1つ選びましょう。

日本で一番生産額が多い工業

地帯は ▨▨▨▨▨

です。

中京工業地帯はどう
して機械工業の割合
が多いのかな？

愛知県豊田市をはじ
め自動車工業がさか
んだからだよ。

ア 京浜工業地帯

イ 中京工業地帯

ウ 阪神工業地帯

これだけはおさえて！

工業のさかんな地いきについて
おさえよう！

今度，勉強をかねて
行きたいね，レモン！

オレの住んでいる
マンションは東京
湾ぞいにあるから，
たっくさんの工場
が見えるよ！

交通網の広がり

日本のおもな交通網をおさえよう。

1 日本の交通網

- ┅┅ 新幹線
- ■ おもな空港

（2019年10月現在）

新千歳空港

東海道新幹線

東北新幹線

九州新幹線

成田国際空港

関西国際空港

日本中に新幹線が通っているのね。

高速道路も日本中に広がっているのよ！

高速道路や鉄道,飛行機を使っていろいろなものや人を運んでいるんだ。

2 さまざまな交通機関

	良	移動時間が早い。
	悪	運べる量が少ない。費用が高い。
	良	たくさんの重い荷物も運べる。
	悪	移動速度がおそい。
	良	運びたい場所まで運べる。
	悪	排気ガスを出し,そう音の原因になる。
	良	自動車より地球環境にやさしい。
	悪	線路のない場所には行けない。

練習問題の答え　1 (1)ウ　(2)太平洋ベルト　2 イ

練習問題

① 次の路線や空港を，地図中のア～オから１つずつ選びましょう。

[1] 東海道新幹線

[2] 九州新幹線

[3] 成田国際空港

- - - - 新幹線
■ おもな空港

（2019年10月現在）

ア
イ
エ ウ
オ

② 次の文にあてはまる交通機関を，あとの ア ～ エ から
１つずつ選びましょう。

[1] 速度はおそいが，たくさん重い
荷物を運べる。

[2] 排気ガスを出したり，そう音の
原因になったりする。

船の長所ってほ
かにあるの？

一度にたくさん
の荷物が運べる
から，１つあた
りの輸送費(ゆそう)が安
くなるよ。

ア	イ	ウ	エ

143

15 日本の貿易の特色

日本の貿易についておさえよう。

① 日本の貿易の特ちょう

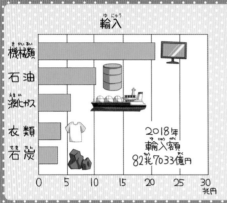
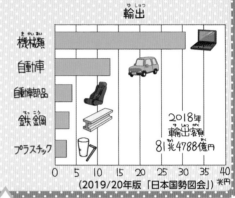

（2019/20年版「日本国勢図会」）

輸入で一番多いのは機械類だね。

大切！
輸出も機械類が一番多いわ！

② 貿易をめぐる問題

🏠 自由貿易で安い外国製品が日本へ

🏠 日本の同業者がつぶれてしまう

貿易が自由になって，外国製品が安く買えるのはうれしいけれど，それでこまる人もいるのね…。

練習問題の答え　①(1)ウ　(2)オ　(3)イ　②(1)エ　(2)ウ

Let's TRY 練習問題

① 次の文の空らんにあてはまる**言葉**を，◯◯◯から選んで書きましょう。

日本の輸入で一番多いのは機械類，次に多いのが

です。輸出で一番多いのは ② です（2018年）。

```
石油    木材    機械類    食料品
```

② 次の文を読んで，正しければ〇，まちがっていれば×を書きましょう。

[1] 安い外国製品が輸入され，こまる人はだれもいません。

[2] 海外からの輸入が増えると，日本の同業者がつぶれてしまうおそれがあります。

ソラ先生，貿易の自由化のよい点は何かな？

日本製品を外国に輸出しやすくなるよ！

これだけはおさえて！

日本が**輸出**しているもの，**輸入**しているものをおさえよう！

はーい！

レモン！しょう来，海外に行きたいなら，貿易のことも勉強しなくっちゃな！

くらしを支える情報

情報_{じょうほう}を伝えるメディアについておさえよう。

 ニュース番組ができるまで

編集会議_{へんしゅう}｜取材｜映像の編集_{えいそう}｜放送

編集会議では，何を話し合っているの？

ニュースで報道する内_{ほうどう}容を決めているわ！_{ない}

放送するときには，公平な報道になっているか気をつける必要があるぞ！オレもサッカーで活やくして，報道されたいな！

② さまざまなメディア

 テレビ
 ラジオ
 新聞
 雑誌_{ざっし}
 インターネット

テレビは映像と音，**ラジオ**は音だけで伝えているね。

新聞・雑誌は文字で伝えているね。**イン ターネット**は話題をすぐに調べられるよ。

練習問題の答え　①①石油　②機械類　②(1)×　(2)○

練習問題

① 下の絵は何をしているようすですか，あとの ア〜エ から
1つずつ選びましょう。

ア 取材をしています。

イ 番組で流す映像を編集しています。

ウ スタジオでニュースを放送していま
す。

エ 番組でどのニュースを取り上げる
かを話し合っています。

取材するときは，
どんなことに気を
つけているの？

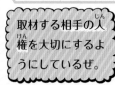

取材する相手の人
権を大切にするよ
うにしているぜ。

② それぞれのメディアにあてはまるものを，あとの ア〜ウ から
1つずつ選びましょう。

 ① ラジオ

② 新聞

③ テレビ

いろいろなメディアがある
ね。自分に必要な情報を正
しく活用することが大切よ。

ア 車を運転しながら聞くことができる。

イ 映像と音を使い，さまざまな番組を放送する。

ウ 紙の上に印刷した文字を使って伝える。

17 情報化社会の広がり

広がるネットワークと情報化社会の問題についておさえよう。

① 広がる情報ネットワーク

病院内のいろいろな場所とつながるサーバー

受付　会計　待合室　しん察室　検査室

ネットワークを使って，情報をかん単に共有できるようになったんだ！便利だよなあ〜！

② 情報化社会の問題点

 情報をあつかううえでのトラブル

	身に覚えのない利用料金のせい求書がとどいた。
	ともだちから，自分の悪口をけい示板に書きこまれた。
	知らないうちに，個人情報が流出していた。

インターネットは便利だけれど，危険がいっぱい！ルナも注意が必要よ！

気をつけなきゃ！

Let's TRY 練習問題

1 情報ネットワークの例を，次の **ア**〜**ウ** から1つ選びましょう。

ア 市内に整備された上水道

イ 高速道路網

ウ 病院内のサーバー

2 次の文を読んで，正しければ〇，まちがっていれば✕を書きましょう。

1 パソコンのパスワードは他人に教えてはいけない。

2 迷わくメールには，すぐに返事を出す。

3 けい示板などに，うそや他人の悪口は書きこまない。

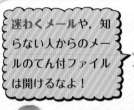

迷わくメールや，知らない人からのメールのてん付ファイルは開けるなよ！

開けたらどうなるの？

個人情報をぬすまれたりするぞ。気をつけような。

これだけはおさえて！

広がる情報ネットワークとその問題点についておさえよう。

情報化社会は便利だけど，こわい面もあるから，守るべきことを守ろうな。

森林を守る

森林のはたらきや日本の林業についておさえよう。

1 森林のはたらき

水をたくわえる

動物を養う

酸素をつくり，二酸化炭素を吸収する

人に安らぎをあたえる

木材やきのこなどを生み出す

大切！

森林は水をたくわえるはたらきがあることから，「緑のダム」とよばれているぞ！

2 日本の林業

森林には天然林と人工林があります。

不要な枝を切り取るんだ。

★ 人工林の育て方 ★

1. 苗木を育てる
2. 植林
3. 下草がり
4. 枝打ち
5. 間ばつ
6. 切り出し，はん出

なるほど，こうやって人工林を育てるのね。

木材にする木は，人工林が多いわ！

練習問題

1 次の問題に答えましょう。

(1) 右の絵から，森林にどんなはたらきがあることがわかりますか。
次のア～ウから1つ選びましょう。

ア 動物を養う

イ 雨をふらせる

ウ 土しゃくずれを防ぐ

(2) 森林は水をたくわえるはたらきがあることから，何のダムとよばれますか。

のダム

森林は地球温暖化防止にも役立つの？

木には，温暖化の原因になる二酸化炭素を吸収するはたらきがあるんだよ！

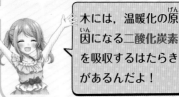

2 次の文を読んで，正しければ〇，まちがっていれば×を書きましょう。

(1) 木材にする木は，人工林が多いです。

(2) 植林したあとは，間ばつ，枝打ち，下草がりの順番に森林を育てます。

(3) 不要な枝を切り取ることを間ばつといいます。

151

19 自然災害を防ぐ

自然災害と公害からくらしを守る取り組みについておさえよう。

1 自然災害からくらしを守る

日本列島では，地震や台風，大雪による自然災害が起こります。

津波タワー
津波から守る

地下の放水路
洪水から守る

ふだんから，災害に対する備えが大事なのね…。

災害のひ害を減らそうとする「減災」という考え方も出てきたんだ！

2 公害をなくす取り組み

大切！
工業化などによって人間の健康に悪いえいきょうが出ることを公害というぞ！

大気（空気）のよごれ　水のよごれ　そう音

現在では，各地で公害を防ぐ取り組みが行われています。

北九州市では，公害防止のための条例をつくって活動した結果，きれいな海と空を取りもどしたわ！

Let's TRY 練習問題

① 次の文の空らんにあてはまる言葉を書きましょう。

(1) 右は， [　　　　　] からひなんするための

タワーです。

(2) なるべく災害のひ害を減らそうとする

考え方を [　　　　　] といいます。

(3) 北九州市では，公害防止のための， [　　　　　] をつくった。

② 右の絵があらわしている公害を，
次の ア〜ウ から１つ選びましょう。

ア 水のよごれ

イ そう音

ウ 大気（空気）のよごれ

工場や車から，
たくさんのけむ
りが出ているわ。

これだけはおさえて！

自然災害・公害に対する
取り組みをおさえよう。

きみの住むまちは，
どんな取り組みをし
ているのか市役所の
ホームページなどで
調べてみよう！

ポイントまとめ

おさえておこう！

ポイントをおさえて！

ポイント1 日本の国土

2 でやったよ！

日本の北のはしは択捉島，南のはしは沖ノ鳥島，東のはしは南鳥島，西のはしは与那国島。

択捉島は北方領土の一つね。

ポイント2 日本の気候

4 でやったよ！

季節風…夏は太平洋側から，冬は日本海側から吹く。

ポイント3 日本の農業の特色

6 でやったよ！

新潟県は，米の収かく量が日本一。鹿児島県や宮崎県は，ちく産がさかん。

ポイント4 日本の水産業の特色

8 でやったよ！

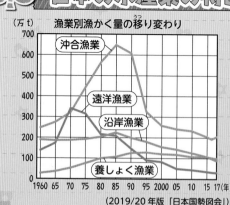

漁業別漁かく量の移り変わり

（万t）
700
600
500
400
300
200
100
0

沖合漁業
遠洋漁業
沿岸漁業
養しょく漁業

1960 65 70 75 80 85 90 95 2000 05 10 15 17（年）

（2019/20年版「日本国勢図会」）

日本では，沖合漁業がさかんね。

沖合漁業などにかわって，養しょく漁業やさいばい漁業が行われているよ。

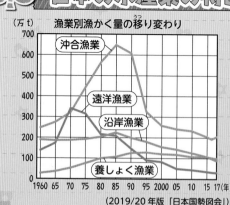

練習問題の答え ①(1)津波 (2)減災 (3)条例 ②ウ

ポイント5 日本の食料生産

10 でやったよ！

日本は，食料自給率が低く，食料の多くを輸入にたよっている。

ポイント6 日本の工業

12 13 でやったよ！

工場数 36 万 7999 工場	99.1%	0.9
働く人の数 792 万人	68.6%	31.4
生産額 305 兆 1488 億円	48.3%	51.7

1～299 人の 中小工場　　　300 人以上の 大工場

(2016 年)　　　(2019/20 年版「日本国勢図会」)

金属工業や機械工業など，いろいろな工業があったな。

日本の工業地帯は，太平洋ベルトに集まっている。
中京工業地帯は最も生産額が多く，自動車の生産がさかん。

ポイント7 日本の貿易の特色

15 でやったよ！

最も輸出額と輸入額が多いのは，
機械類。石油の輸入額も多い。

石油の輸入には，船を使うのが便利ね。

ポイント8 森林を守る

18 でやったよ！

森林は「緑のダム」ともよばれる。

ポイント9 自然災害を防ぐ

19 でやったよ！

日本では，地震や台風など
さまざまな自然災害が起こる。

公害には，大気（空気）のよごれ，水のよごれ，そう音などがあるぞ！

155

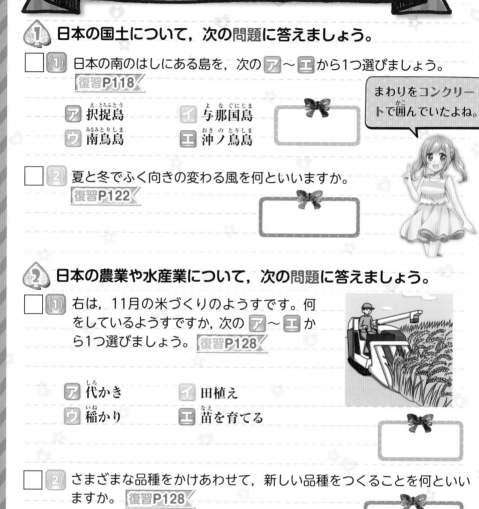

チェックテスト【社会】 ⇒答えと解説はP.199

① 日本の国土について，次の問題に答えましょう。

☐ (1) 日本の南のはしにある島を，次の ア～エ から1つ選びましょう。 復習P118

> まわりをコンクリートで囲んでいたよね。

ア 択捉島 （えとろふとう）

イ 与那国島 （よなぐにじま）

ウ 南鳥島 （みなみとりしま）

エ 沖ノ鳥島 （おきのとりしま）

☐ (2) 夏と冬でふく向きの変わる風を何といいますか。 復習P122

② 日本の農業や水産業について，次の問題に答えましょう。

☐ (1) 右は，11月の米づくりのようすです。何をしているようすですか，次の ア～エ から1つ選びましょう。 復習P128

ア 代かき （しろ）

イ 田植え

ウ 稲かり （いね）

エ 苗を育てる （なえ）

☐ (2) さまざまな品種をかけあわせて，新しい品種をつくることを何といいますか。 復習P128

☐ (3) 卵から育てた魚を，海や川に放流して，成長してからとる漁業を何といいますか。 復習P130

156

③ 日本の工業について，次の問題に答えましょう。

☐ ① 右のように，自動車をつくる工業は，どの
工業に分類されますか。次の ア ～ ウ から
1つ選びましょう。 復習P138

ア 金属工業　　　　　イ 機械工業

ウ 食料品工業

☐ ② 愛知県を中心に広がる，自動車工業がさかんな工業地帯を何といいますか。 復習P140

☐ ④ さまざまなメディアのうち，映像と音で情報を伝えるものを，次の ア ～ ウ から1つ選びましょう。 復習P146

ア テレビ　　　イ ラジオ　　　ウ 新聞

☐ ⑤ 森林が「緑のダム」とよばれるのはなぜですか，次の ア ～
ウ から1つ選びましょう。 復習P150

ア 水をたくわえるから。

イ 木材を生み出すから。

ウ 動物を養うから。

森林には，さまざまな
はたらきがあったよね。

プチ休けい

お米のきらきらネーム★

オレたちの主食，お米は，いろいろなブランド米があるんだ！どんな米があるのか，みてみようぜ！

ブランド米は，それぞれの産地でおいしいお米が売れるように，名前をつけているんだ！

うわあ！お米の名前じゃないみたい！かわいいね〜！

どんなお米か気になるわ。食べてみたいね！

ななつぼし
大地の星

つがるロマン
まっしぐら

スノーパール

ひとめぼれ

ほほほの穂

ヒカリ新世紀

つや姫

恋の予感

ミルキークイーン
ミルキープリンセス

にこまる

きらりん

森のくまさん
くまさんの力

158

プチ休けい

実はすごい！お札の作家たち

お札には人の顔がえがかれているね。どんな人か知っているかな？実はすごい人たちだよ。

福澤諭吉（ふくざわゆきち）（1835〜1901年）

🖤 教育者。海外の文化を日本にしょうかいした。『学問のすゝめ』という書物を書き、「天は人の上に人を造らず人の下に人を造らず」の言葉をのこした。

1984年から福澤諭吉の顔が使われているよ。2004年からはお札のデザインが変わったよ。

夏目漱石（なつめそうせき）（1867〜1916年）

🖤 日本を代表する作家。大学の先生を務めたのち、新聞社のせん属作家になった。猫の目線で書かれた『吾輩は猫である』という小説が有名。

1984年から2007年まで、夏目漱石の顔が使われていたよ。

樋口一葉（ひぐちいちよう）（1872〜1896年）

🖤 貧しい生活のなかでも、ほこりを失わず、小説を書き続けた女性。病気のため24歳というわかさでこの世を去った。

2004年から樋口一葉の顔が使われているよ。樋口一葉は、1年半ぐらいの間に、次々と小説を書いたんだって。

②次の言葉の対義語を　から選んで書きましょう。

① 終わる

② 暗い

③ 危険（けん）

④ 許可（きょか）

始まる　　終了（しゅうりょう）
止まる　　禁止（きんし）
明るい　　安全

③次の熟語（じゅくご）の組み立てにあてはまるものを、あとのア～エから一つずつ選びましょう。

① 上の漢字が主語、下の漢字が述語（じゅつご）になっている。

② 上の漢字が動作を表し、その対象（たいしょう）を表す漢字が下にくる。

③ 意味が反対になっている漢字の組み合わせ。

ア　寒冷
イ　作文（さくぶん）
ウ　日照
エ　天地

「寒」と「冷（に）」は意味が似ているね。

チェックテスト【国語】

⇒答えと解説はP.200

1 次の文の――線のカタカナを漢字で書きましょう。

復習P189

□ (1) おだやかなセイカクの妹。

□ (2) いつもセイカクにシュートしたい。

復習P181

□ (3) ショクギョウを選ぶ。

□ (4) フクザツな形のおもちゃ。

復習P177

□ (5) アツ手の服のボタンをトめる。

□ (6) 期待にコタえる。

復習P165

□ (7) おベントウをつくる。

□ (8) 視力（しりょく）ケンサのジュンビをする。

⑤は「暑」とまちがえないようにしよう。

ひかっています。その竹を切って筒のなかを見ると、三寸(約九センチ)くらいのひとが、かわいらしいすがたですわっていました。

(齋藤 孝『齋藤 孝の親子で読む古典の世界』より)

Let's TRY 練習問題

1 右の古文と口語やくを読んで、次の①・②の古文の意味として正しいものを、次のア〜エから一つずつ選びましょう。

① もと光る竹なむひと筋ありける
② うつくしうてゐたり

ア 美しいすがたでそこにいました
イ かわいらしいすがたですわっていました
ウ 根元がひかる竹が一本ありました
エ 竹が光を浴びていました

①
②

千年以上も前の物語が読めるってロマンを感じるなっ。

これだけはおさえて！

古文には、現在の言葉とは意味がちがうものがあるね。

現在とは意味がちがう言葉があるね。

☆あやしがり…ふしぎに思い
☆うつくしう…かわいらしい

練習問題の答え
①確かめ)・検査・弁当・準備

古文を読んでみよう。

竹取物語

古文…昔の文章。

いまは昔、竹取の翁といふもの有けり。野山にまじりて竹を取りつゝ、よろづの事に使ひけり。名をば、さかきの造となむいひける。

その竹の中に、もと光る竹なむひと筋ありける。あやしがりて、寄りて見るに、筒の中光りたり。それを見れば、三寸ばかりなる人、いとうつくしうてゐたり。

口語やく…昔の文章を現在の言葉に書き直した文章。

今ではもう昔のこと、竹取のおきなというおじいさんがいました。野山に入って竹をとり、いろいろなものをつくっていました。おじいさんの名前は、「さかきのみやつこ」といいました。

ある日のこと、竹林のなかに根元がひかる竹が一本ありました。ふしぎに思って近づいてみると、竹の筒のなかが

「いう」が「いふ」、「使い」が「使ひ」は現在では使わない書き方だね。

「名をば」、「造となむ」も現在では使わないね。

竹取物語ってどれくらい古い話なの？

今から約千年以上前に書かれた日本で最古の物語らしいよ。「かぐやひめ」のもとになっているお話だよ。

「寸」は長さの単位で、一寸は約3センチだよ。一寸法師は3センチくらいだね。

① Let's TRY 練習問題

二人の会話の中には漢字や送りがながまちがっているものが四つあります。まちがいをさがして正しい二字熟語、または送りがなをつけた漢字を書きましょう。

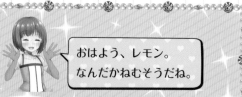

おはよう、レモン。なんだかねむそうだね。

ねぼうしちゃったんだ。今日の予定、何も確めずに出てきちゃった。

だいじょうぶ？え～っと、今日は視力険査があるよ。

そうそう。それに給食がないからお勉当もいるんだったね。

ちゃんと順備してきた？

あ～！まちがえて国語辞典持ってきちゃった…！

レモンは本当に国語が大好きなんだね。お弁当とまちがえて国語辞典をかばんに入れるなんて…。
「たしかめる」は送りがなに注意して覚えよう！
同じ音読みの漢字は、使い分けを覚えてね。漢字1つ1つではなく、熟語で覚えると、意外と頭に入りやすいんだよ。

5年生で習う重要な漢字を勉強しようね!

重要な漢字を生活の中で使えるように、漢字を正しく覚えよう。

レモン、5年生で学習する漢字を教えて!

うん。じゃあ、確、準、備、険、検、弁の漢字の読み方や使い方を学習しようね。

準

- ❀ 読み…ジュン
- ❀ 例文…運動会の準備(じゅんび)をする。

確

- ❀ 読み…カク
  - たし‐か
  - たし‐かめる
- ❀ 例文…電話番号を確かめる。

備

- ❀ 読み…ビ
  - そな‐える
  - そな‐わる
- ❀ 例文…災害(さいがい)に備える。

検

- ❀ 読み…ケン
- ❀ 例文…視力(しりょく)の検査(けんさ)をする。

険

- ❀ 読み…ケン
  - けわ‐しい
- ❀ 例文…ぼう険に出かける。

弁

- ❀ 読み…ベン
- ❀ 例文…お弁当をつくる。

一度に全部は覚えきれないなあ…。

1つずつ、何度も練習して覚えていこう。がんばれ!

練習問題

① 次の文の――線の漢字は特別な読み方をします。読み方をひらがなで書きましょう。

① 七夕に願い事をする。

② 部屋でくつろぐ。

③ 新しい眼鏡をかける。

④ 果物を買う。

七夕まつりにはほかの友達（ともだち）もいっしょに行く予定なんだよね。楽しみだね、レモン。

そうだね。集合時間におくれないように、うで時計（とけい）もしていこっと。

楽しそうだけれど、迷子（まいご）にならないように気をつけようね。

もう、5年生なんですけど…迷子って…子どもあつかいしないで！

特別な読み方をする熟語

特別な読み方の熟語を覚えよう。

ルナ、くだものがあるよ。
いっしょに食べよう！

あれ？くだものってどんな漢字だっ
たかな？果実は「かじつ」って
読むよね……。

くだものは「果物」
って書くんだよ。

果実（かじつ）
果物（くだもの）

「果」の音読みは「カ」だけど、
「果物」というときだけ「くだ（もの）」
という特別な読み方をするんだね！

明日（あす）は七夕（たなばた）だね。
今年（ことし）も上手（じょうず）に
かざりつけをしたよ。

眼鏡（めがね）がこわれて
真（ま）っ青（さお）に
なっちゃった。

今朝（けさ）は、妹の部屋
のそうじを手伝（てつだ）う
予定です。

167

練習問題

①
次の漢字の □ にあてはまる漢字の部分を下から選んで線でつなぎましょう。

① 氵・亻 • 長
② 争・忄 • 見
③ 巾・弓 • 青
④ 夫・王・ • 則

②
次の文の──線のひらがなを漢字に直して書きましょう。

(1) 学校のそとがわの道路を走る。

(2) あんせいにして休む。

「あんせい」って何？

静かに落ち着いていることよ。病気のときはあんせいにしてるよね。

「張」は「は-る」、「情」は「なさ-け」、「側」は「ソク」、「測」は「はか-る」、「現」は「あらわ-れる」「あらわ-す」とも読むよ。

練習問題の答え　①エ

168

今日は交通安全教室。けい察の人からお話を聞くよ。形が似ている漢字に注意しながら、交通安全について考えよう。

交通安全教室で漢字を覚えよう。

みんな、きん張していたのかな。静かに聞いていたね。

歩行者は右側を歩かないといけないんだね。車のスピードにも規則があるんだって。

でも、守らない人もいるから、車のスピードを測定して取りしまりをしているんだよ。

事故が起こりやすい場所についての情報も教えてくれたよ。手帳に書いておこう。本当は、事故がない世の中が実現するといいんだけど。

「側」、「測」、「則」は、すべて同じ部分があるね。

「張」は「帳」とつくりが同じなので、注意してね。

「静」と「情」にはどちらにも「青」があるよ。

「規」と「現」は「見」が同じだね。

Let's TRY 練習問題

① 右の話し合いで述べられていることとして正しいものを、次のア〜エから一つ選びましょう。

ア　ゆうとさんは、朝のえさやりのときにそうじをすることを提案した。

イ　あおいさんは、カードを作って次の当番にわたすことを提案した。

ウ　りささんは、カードを帰りのそうじのあとにわたすことを提案した。

エ　なおさんは、カードを朝のえさやりのあとにわたすことを提案した。

> なおさんは、カードのわたし方のどんなくふうを提案しているかな。

> 解決さくの提案は、ゆうとさんがしていたね。なおさんの意見で、カードのわたし方も決まりそうだよ。

これだけはおさえて！

会話文では、だれがどんな内容を話しているかに注目しようね。

> 人物ごとに何を言っているのかメモっておくといいよ。

文章の読みとり〈会話文〉

会話の内容を正しく読みとろう。

りさ 最近、学校で飼っているうさぎの世話を、当番なのにやらない人が増えています。今日はうさぎ当番をやらない人をどうやってなくすかについて話し合いたいと思います。

ゆうと まず、当番の仕事を確にんしたいです。

りさ 飼育委員のあおいさん、説明してください。

あおい はい。おもに朝のえさやりと水の交かん、それと帰るときのそうじです。夜のえさは先生がやってくれます。

りさ 当番なのに、世話をしない人がいる原因は何だと思いますか。

あおい 今は、当番の名前を書いた表をうさぎ小屋にはっています。その表を見ないので自分が当番だと気がつかない人もいるようです。

ゆうと 今のやり方では見ない人もいるかもしれませんね。うさぎ当番カードなどをつくって、次の当番の人に前の当番の人がわたしてみるのはどうでしょうか。

話し合いのテーマだね。

世話をしない原因は、自分が当番だと気がついていない場合もあるんだね。

世話をしない人をなくすために、どんな解決さくが出たかな？

話し合いの司会はりささんで、あおいさんは飼育委員だね。だれがどんな発言をしているかな。

うさぎ当番の人が世話をしなかったら、うさぎがかわいそうよ～。

えさといっしょに水もやらなきゃね！

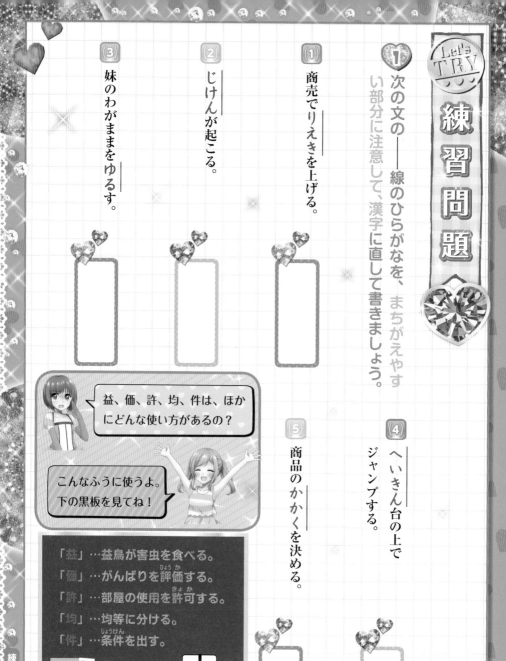

練習問題

1 次の文の——線のひらがなを、まちがえやすい部分に注意して、漢字に直して書きましょう。

① 商売で<u>りえき</u>を上げる。

② <u>じけん</u>が起こる。

③ 妹のわがままを<u>ゆるす</u>。

④ <u>へいきん</u>台の上でジャンプする。

⑤ 商品の<u>かかく</u>を決める。

益、価、許、均、件は、ほかにどんな使い方があるの？

こんなふうに使うよ。下の黒板を見てね！

「益」…益鳥が害虫を食べる。
「価」…がんばりを評価（ひょうか）する。
「許」…部屋の使用を許可（きょか）する。
「均」…均等に分ける。
「件」…条件（じょうけん）を出す。

「許」と「件」は、つくりのちがいに注意しよう。つき出さないのはどっちの漢字かな？

新しく学習する漢字だよ。まちがえて覚えないように注意しよう。

まちがえやすい漢字②

まちがえやすいポイントをおさえて、正しい漢字を覚えよう。

聞いてよ、レモン〜。わたし今日のテスト、全然できなかった〜。漢字の書きまちがいが多くって。

細かいところをまちがえて覚えているんじゃない？

どこでまちがっているのかな？

点の数や、つき出しているところはまちがえやすいから注意してね。

キョ、ゆる-す

○ 許　× 訐

つき出さないよ。

ケン

○ 件　× 仵

つき出してね。

カ

○ 価　× 価

「ぎょうにんべん」ではなく「にんべん」だよ。

キン

○ 均　× 均

「、」は2つ。左上からと左下から書くよ。

エキ

○ 益　× 益

「ツ」じゃないよ。

173

⑤いがみ合っていた薩摩藩（現在の鹿児島県）と長州藩に⑥手を結ばせ、薩長連合を成立させました。

龍馬は、対立するAとBという二つの勢力のうち、どちらか正しいほうを選び、もう一方は間違っていると切り捨てる、ということはしませんでした。

（童門冬二『歴史を味方にしよう』より）

Let's TRY 練習問題

① 右の文章で述べられていることは何ですか。次のア〜エから一つ選びましょう。

ア 坂本龍馬は対立するAとBの勢力のうちAを間違っているとした。

イ いやなことがあったら、歴史上の人物がどうしていたかを思い出そう。

ウ 気の合わないクラスメートには自分の言い分を通すと関係がよくなる。

エ 歴史上の人物のエピソードは役に立たない。

大切！ ア〜エのどこが文章中にあるかをさがしながら考えてみよう。

ちょっとむずかしい言葉の意味を説明するね。

説明文を読むときは、とくにつなぎ言葉に注意しながら読んでね！つなぎ言葉は日常でも使っているよね。

これだけはおさえて！

文章中のつなぎ言葉の役目に注意しよう。

①（解決の）糸口
→（解決の）手がかり

②言い分を通す
→ほかのことをおしのけて言いたいことを進める。

③鮮やかだ
→見事なようす。

④徳川幕府
→江戸時代を治めた政府。

⑤いがみ合う
→おたがいに敵意をもってあらそう。

⑥手を結ぶ
→結束する、団結する。

練習問題の答え ⑴厚 ⑵治 ⑶応 ⑷留

つなぎ言葉に注意して読みとろう。

毎日の生活のなかで、いやなことにぶつかったら、「歴史上のあの人ならどうしただろう？」と考えてみてください。

こんなとき、織田信長だったらどうしただろう？ 坂本龍馬だったら、どう考え、どう行動しただろう？

たしか彼は、あのピンチのとき、こうしたんだよな。

そんなふうに、彼らのいろいろなエピソードを思い起こしながら、想像してみます。すると、いま悩んでいることも、

①解決の糸口が見えてくることがあります。

たとえば、気の合わないクラスメートがいて、何かと対立する、という場合。あなたは自分が正しくて、あいつは間違っている、と思っています。だから、自分の②言い分を通したい。でも、それではどんどん相手との関係が悪くなっていきます。

そんな問題を③鮮やかに解決した人がいます。坂本龍馬です。

彼は④徳川幕府の支配を終わらせ、新しい日本をつくるために、

「すると」は前のことの次に起こることを表すよ。

「だから」は"AだからB"のように使って、AはBの理由を表すんだね。

「たとえば」はあとに具体的な例が続くよ。毎日の生活のいやなことの例だね。

「でも」は「でも」より前の で述べられていることと反対のことをいうときに使うよ。言い分を通したら関係が悪くなると述べているよ。

ところでレモン、織田信長と坂本龍馬ってどんな人？

織田信長は戦国時代、坂本龍馬は幕末にかつやくした人物で、2人とも今でも人気があるよ！

練習問題

1 次の文の――線のひらがなにあてはまる漢字を下の ☐ の中の漢字から選んで書きましょう。

① 分あつい本をかかえる。

② 国をおさめる。

③ リクエストにこたえる。

④ ボタンをとめる。

「応」には、よびかけを受けて行動する意味もあるよ。

```
答  治  修  暑
留  止  厚  応
```

レモン、「止める」と「留める」はどうちがうの？

「止める」は、動いているものの動きを止めることで、「留める」は、同じ場所にとどめるという意味で使うよ。

同訓異字は、使い方もいっしょに覚えるといいよ。

練習問題の答え
1 ウ

176

同じ訓読みだけど、意味と漢字が異なるものを同訓異字というよ。身近な同訓異字を学習しよう！

身近な漢字②

日常の言葉から漢字を覚えよう。

「あつい」
「暑い」…「今日は暑い。」
「熱い」…「お茶が熱い。」
「厚い」…「分厚いくつ底。」

「きく」
「聞く」…「先生の話を聞く。」
「効く」…「薬が効く。」

同訓異字って、たくさんあるのね。

まだまだあるよ！

「とめる」
「心に留める。」
「電気を止める。」

「こたえる」
「質問に答える。」
「寒さが体に応える。」

「おさめる」
「国を治める。」
「学問を修める。」

世界が変わること。
こういうことってあるんだな。ちいさなことで奇跡（きせき）のように
れた水滴（すいてき）があちらこちらで光を散らした。とりのこさ
はやみ、みかん色の陽がおだやかに町を照らした。とりのこさ
どんよりとした雨雲がきれ、太陽は西の空にかがやいた。風

（安東（あんどう）みきえ『天のシーソー』より）

Let's TRY

練習問題

① 右の文章の——線「こういうこと」とはどんなことですか。次の⑦〜⑨から一つ選びましょう。

⑦ おにいさんのうでをつついて、傘を渡すことができてほっとしたこと。

⑦ おにいさんがミオに手ぶりをしたことで事情がわかり安心したこと。

⑨ おにいさんの「ありがとう」の言葉で気持ちが晴れやかになったこと。

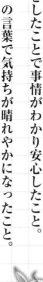

大切！
登場人物の気持ちを表しているところをさがしてみよう。

ミオの心の動きを表現（ひょうげん）しているね。「どんより」していたのはミオの気持ちなんじゃないかな。

これだけはおさえて！

登場人物の気持ちを表している表現に注目すればOK！

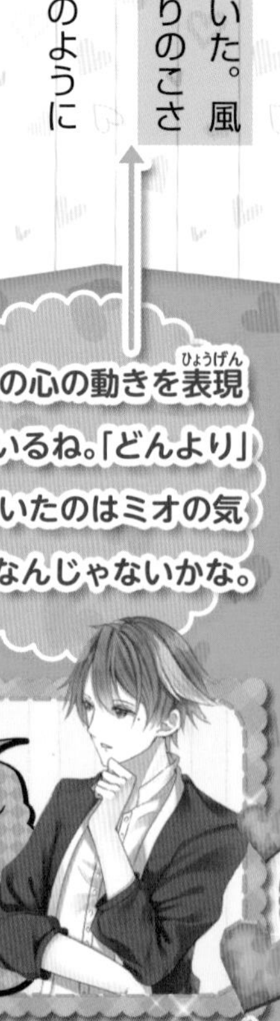

人の気持ちがわかれば、リアルでも役に立つよ。何より人に愛されるんじゃない？ぼくもそうありたいな。

登場人物の気持ちを読みとろう。

ミオは小5の女の子。ある日、自転車をひいたおにいさんがおりたたみの傘を落とした。ミオが声をかけてもふりかえらない。落ちこんだ気分だったけれど、ミオは思い切っておにいさんのうでをつついて傘を渡した。

だれかに肩をつつかれた。

ふりむくと傘を渡したおにいさんだった。おにいさんはミオに向かってしきりに手ぶりをして見せた。

それでやっと事情がのみこめた。その人は耳がよくきこえないのだ。だからミオのよびかける声もわからなかったのだ。

おにいさんはミオの手をそっととった。そして手相でも見るように手の平を上に向けた。そこにおにいさんは指でなぞって字を書いた。ゆっくりと書いた。くすぐったかったけれどがまんした。とてもかんたんな字だったから、すぐに読みとれた。

ありがとう

ミオは顔を上げた。

「事情をのみこむ」は「なっ得する」という意味だよ。

おにいさんは、ミオに気持ちを伝えようとしているね。何て書いたのかな?

指し示す言葉の内容は、前の部分にあることが多いよ。「そこ」はミオの手の平だね。

ミオはどうして落ちこんだ気分になってたのかしら?

落とし物をひろって渡そうとしたのに、反応がなくてがっかりしたんだと思うよ。でも、おにいさんに悪気はなかったみたい。耳がよくきこえなくてわからなかったんだよ。

ミオの気持ちの変化をとらえよう。落ちこんで重くなっていた気持ちが、軽くなったよね。どうしてかを考えてみよう。

練習問題

1 次の文の□に漢字の部首をあてはめて、文にあう正しい漢字をそれぞれ書きましょう。

① ア いろいろな□戠業を調べる。
　　　ア □　　イ □

　 イ □戠りひめとひこ星の星をさがす。
　　　ア □　　イ □

② ア 予習と□复習をする。
　　　ア □　　イ □

　 イ □复雑な交差点を歩く。

③ ア 右□主左□主する。
　　　ア □

　 イ アパートの□主民
　　　イ □

③ ア の「おう」の字は、同じ漢字が入るよ。

（うさぎ）「織」には糸へんがついているね。糸へんの漢字は、糸にかかわるものが多いよ。

「うおうさおう」ってどんな意味？

あちらへ行ったり、こちらへ来たりすることで、混らんしているようすを表す言葉だよ。ルナ、たまにあるよね。

えっ…。

練習問題の答え

1 (1)エ　(2)ア　(3)オ

2 (1)イ　(2)ウ

形の似た漢字②

はた織り体験で漢字を覚えよう。

今日はレモンとルナははた織り体験に行くんだね。似た漢字の区別ができるようになろう！

これが、布を織る機械か〜。

横糸を何度も往復させているね。

すご〜い、どんどん複雑なもようができるよ〜。

職人わざだね！

「主」をふくむ漢字は、「往」のほかにも「住」や「柱」「注」などがあるよ。

「複」と「復」はつくりが同じだよ。

「織」と「職」はへんがちがうね。

Let's TRY 練習問題

① 次の熟語の組み立てにあてはまるものを、□のア〜オから一つずつ選びましょう。

① 意味が反対になっている漢字の組み合わせ。

② 上の漢字が主語、下の漢字が述語になっている。

③ 上の漢字が動作を表し、その対象を表す漢字が下にくる。

ア　日照　　エ　天地
イ　寒冷　　オ　投球
ウ　深海

「日照」は「日が照る」という組み立て、「投球」は「球を投げる」という動作＋対象の組み立てになっているよ。

② 次の熟語の組み立てを、□のア〜ウから一つずつ選びましょう。

① 作文

② 競争

ア　上の漢字が下の漢字をくわしく説明する。
イ　上の漢字が動作を表し、その対象を表す漢字が下にくる。
ウ　似た意味を表す漢字がならんでいる。

「作文」は「文を作る」という動作＋対象の組み立てになっているね。
「競争」は「競」と「争」という似た意味を表す漢字の組み合わせだよ。

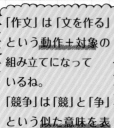
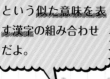

練習問題の答え

① 独　② 刊　③ 雑　④ 営　⑤ 慣

熟語の組み立ての種類を覚えよう。

熟語はどんなルールでつくられているのかを学習しよう！

熟語の組み立てがよくわかんないよ〜。助けて、レモン〜！

熟語の組み立てには次のようなものがあるよ。

1 上の漢字が主語、下の漢字が述語になっている。

例　国営・日照・県立

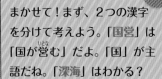

まかせて！まず、2つの漢字を分けて考えよう。「国営」は「国が営む」だよ。「国」が主語だね。「深海」はわかる？

2 上の漢字が下の漢字をくわしく説明する。

例　深海・古都・曲線

分けて考えると…、「深い海」かな。「深」が「海」を説明していると思うよ。

3 似た意味を表す漢字がならんでいる。

例　森林・寒冷・競争

当たり！じゃあ、「森林」の「森」と「林」は、どちらも意味が似ているのがわかるよね？

4 上の漢字が動作を表し、その対象を表す漢字が下にくる。

例　読書・投球・作文

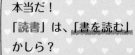

本当だ！「読書」は、「書を読む」かしら？

5 意味が反対になっている漢字の組み合わせ。

例　天地・前後・苦楽

そう！動作＋対象の組み立てだよ。「天地」は、「天」と「地」で反対の意味の漢字の組み合わせになっているね。

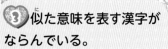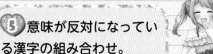

Let's TRY 練習問題

① 次の文の①〜⑤にあてはまる漢字を、まちがえやすい部分に注意して正しく書きましょう。

レモン、遊園地の入場けんがあるの。いっしょに行かない？①りじゃ行きづらくてさ〜。

すご〜い！どうやって手に入れたの？

新②の③誌の、プレゼントコーナーで当たったんだよ。

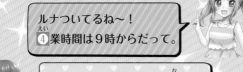
ルナついてるね〜！④業時間は９時からだって。

ん〜、休日の早起きには⑤れていないから、朝ねぼうしないようにしなきゃ…。

⑤ ④ ③ ② ①

これだけはおさえて！

漢字を覚えるときは、点の向き、線の数にも注意しよう！

かんちがいして覚えないようにね！

5年生で習う漢字にも、まちがえやすいものがたくさんあるよ。レモン、ルナ、くれぐれも注意して覚えていこうね！

まちがいさがしをして正しい漢字を覚えよう。

どんな漢字がまちがえやすいのかしら。

正しい漢字とまちがっている漢字をならべてみるね。よ〜く比べて。

エイ、いとな-む
○ 営　× 営

エキ、イ、やさ-しい
○ 易　× 易　「一」はいらない

カン
まっすぐ
○ 刊　× 刊

ドク、ひと-り
「犭」だよ
○ 独　× 独

カン、な-れる、な-らす
「毌」はダメ！
○ 慣　× 慣

ザツ、ゾウ
「木」だよ
○ 雑　× 雑

185

Let's TRY

練習問題

① 次の言葉の対義語を、□のア～エから一つずつ選びましょう。

④ 明るい

③ 始まる

② 遠のく

① 安全

エ 暗い
ウ 危険
イ 近づく
ア 終わる

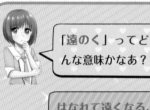

「遠のく」ってどんな意味かなあ？

はなれて遠くなる、という意味だよ。

どんな使い方をするの？

「足音が遠のく。」のように使うよー。

ほかにもいろいろな対義語があるよ。
日常でも使っているよ。

「つかむ⇔はなす」
「借りる⇔返す／貸す」
「失敗⇔成功」

練習問題の答え
1 (1)習慣 (2)正確 (3)対象 (4)関心

今日は通学路の危険な場所を確にんするよ。反対の意味の言葉に注意しながら、どんな道だと安全か、考えてみよう。

道路で反対の意味の言葉（対義語）を覚えよう。

ねぇレモン、危険な道ってどんな道かしら？

昼間は明るくて安全な道でも、暗くなる前に帰ろうね。

せまくて暗い道は、安全じゃない気がするよね。ちなみに、「危険」と「安全」は対義語だよ。

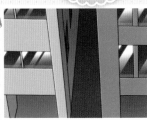

対義語って何？

意味が反対の言葉だよ。いろいろあるから覚えてみよう。

大切！

古い道路をこわして、新しくつくっているよ。

「明るい⇔暗い」
「こわす⇔つくる」
「始まる⇔終わる」
「禁止⇔許可」
などがあるよ。

工事が始まったね。いつ終わるかな。

ここは立ち入り禁止。許可のない人は入れないよ。

立入禁止

工事中のところへは近づかないでね。「近づく」の対義語は「遠のく」だよ。

187

練習問題

Let's TRY

① 次の文の——線のひらがなを漢字に直したとき、正しいほうを ☐ から選んで書きましょう。

① 早起きのしゅうかんを身につけよう。

週刊・習慣 を

② あの人は時間にせいかく

正確・性格 だ。

③ 小学校高学年をたいしょうにしたアンケート調査。

対象・対照 に

「正確」は、「正しい」「確か」という意味だね。

④ 日本の歴史にかんしん

関心・感心 がある。

「関心」のほうは、「興味」に置きかえられるね。

リュウ先生、同音異義語の熟語はどうやって使い分けたらいいの〜？

熟語を漢字1つずつに分けて、漢字の訓読みを考えたり、ほかにつくれる熟語を考えたりしてみてね。「性格」なら、「性質」や「人格」などが思いうかぶよ。

練習問題の答え

1 (1)ウ (2)ア (3)イ (4)ウ

2 (1)参ります(うかがいます) (2)おっしゃった(言われた)

188

ふだんの会話に出てくる同音異義語をさがしてみよう！

4

身近な漢字①

日常の会話で漢字を覚えよう。

わたし、この週刊誌を楽しみにしてたんだ！

「週刊」
「習慣」

へえ〜、週刊誌を読む習慣があるんだね。どんな雑誌なの？

男の子を対象にした雑誌だけど、今回は好きなアイドルがのってるんだ！

ほんっとにレモンは、アイドル好きよね。わたし、レモンとは対照的な性格なのかな。アイドルって全然わからないよ…。

「対象」
「対照」

正確に言えば、わたしは女の子のアイドルグループが好きなの。ルナはどんな雑誌が好きなの？

「性格」
「正確」

プログラミングや、科学の雑誌を読んでるよ〜。

やっぱりそういう分野に関心があるのね〜！すごいな〜、ルナは…。感心しちゃう。

「関心」
「感心」

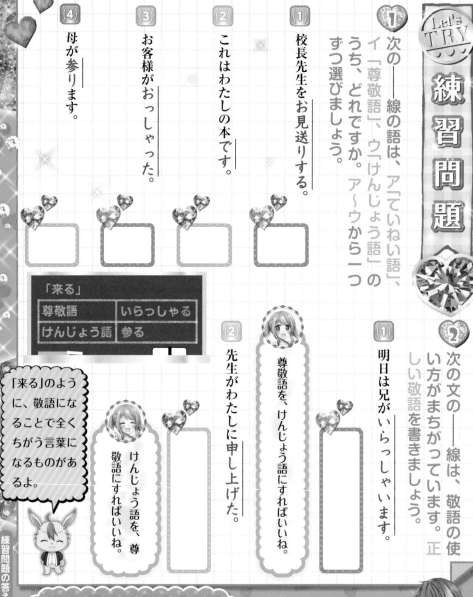

練習問題

Let's TRY

① 次の──線の語は、ア「ていねい語」、イ「尊敬語」、ウ「けんじょう語」のうち、どれですか。ア〜ウから一つずつ選びましょう。

(1) 校長先生をお見送りする。

(2) これはわたしの本です。

(3) お客様がおっしゃった。

(4) 母が参ります。

② 次の文の──線は、敬語の使い方がまちがっています。正しい敬語を書きましょう。

(1) 明日は兄がいらっしゃいます。

(2) 先生がわたしに申し上げた。

黒板:

「来る」	
尊敬語	いらっしゃる
けんじょう語	参る

尊敬語を、けんじょう語にすればいいね。

けんじょう語を、尊敬語にすればいいね。

「来る」のように、敬語になることで全くちがう言葉になるものがあるよ。

これだけはおさえて！

相手をうやまう言葉は、「ていねい語」「尊敬語」「けんじょう語」の3種類だよ。

レモンやルナは、あんまりぼくに敬語使わないな〜。うやまわれていないのかも…。

練習問題の答え
①(1)限 (2)鏡 (3)快 (4)境

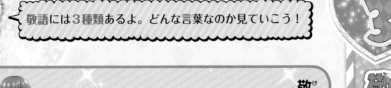

敬語には3種類あるよ。どんな言葉なのか見ていこう！

敬語の種類を覚えよう。

レモン、向こうから校長先生が来るよ。

「向こうから校長先生がいらっしゃる。」でしょ。

「いらっしゃる」？敬語？

（大切！）「来る」の尊敬語なの。尊敬語は相手をうやまって高めた言い方だよ。敬語にはほかにていねい語やけんじょう語があるのよ。

3 敬語

（大切！）

相手をうやまう場合、敬語を使います。

①ていねい語…相手に対する敬意を表す。（「です」がていねい語）
※明日は運動会です。

②尊敬語…相手側の動作を高くする。
※先生が本を読まれる。
（「れる」をつけた尊敬語）
※お客様が、かさをお使いになる。
（「お〜になる」という尊敬語）
※先生がおっしゃる。
（「おっしゃる」が「言う」の尊敬語）

③けんじょう語…自分側の動作を低くする。
※わたしは絵を先生にお見せする。
（「お〜する」というけんじょう語）
※兄が明日こちらに参ります。
（「参る」が「来る」のけんじょう語）

練習問題

Let's TRY

① 次の文の——線のひらがなを漢字に直して書きましょう。

① 力のかぎりおうえんする。

② かがみにすがたをうつす。

③ こころよい風がふく。

④ グラウンドにAチームとBチームのきょう界線を引く。

「泳」と「永」はどちらも「エイ」という読み方があるんだね。

形の似ている漢字は、読み方も同じことが多いのよ。

たとえば
・「鏡」と「境」は「キョウ」
・「経」と「径」は「ケイ」

読み方が同じ漢字は、まちがえやすいから気をつけよう！

練習問題の答え
①(1)エ (2)ウ (3)イ (4)ア
②(1)音…同 意味…金
(2)音…官 意味…食

2 形の似た漢字①

南の島で漢字を覚えよう。

ルナは、南の島へ行ったんだね。漢字を覚えながら、みやげ話を楽しんでね。

南の島楽しかった〜！海は鏡みたいにキラキラしてたよ〜。写真とってきたよ〜。

ほんとだ、すごい！海と空との境（さかい）もわからないくらいね。魚眼（ぎょがん）レンズの写真もある！

きれいな海で泳（およ）げて、快晴（かいせい）の日でよかったよ。限（かぎ）りなく青いきれいな海は、永遠（えいえん）にながめていたかったなあ。この時期に行くことに決めたのもよかった！

「永」と「泳」
水（「氵」）の中を泳ぐと覚えよう。

「鏡」と「境」
「鏡」には金属（きんぞく）が使われているから「かねへん」、「境」は「つちへん」と覚えよう。

「快」と「決」
「夬」が同じだね。
「快」の「忄（りっしんべん）」は気持ちを表す部首だよ。

「限」と「眼」
「艮（げん）」が同じだね。
へんのちがいに注意しよう。

練習問題の答えは次のページにあります。

練習問題

Let's TRY...

1 次の漢字は、ア「象形文字」、イ「指事文字」、ウ「会意文字」、エ「形声文字」のうちどれですか。ア～エから一つずつ選びましょう。

④ 火　③ 下　② 信　① 板

2 次の形声文字の音を表す部分と意味を表す部分をそれぞれ書きましょう。

② 館　音　意味

① 銅　音　意味

う～ん、会意文字と形声文字は、どうやって見分ければいいの？リュウ先生！

漢字を音読みしたときに、同じ音を表す部分が入っていれば、形声文字だとわかるよ！

これだけはおさえて！

漢字の成り立ちには、**象形文字、指事文字、会意文字、形声文字**などがあるよ。

成り立ちを見ると、漢字は意味が伝わるようにくふうされていることがわかるね。

① 漢字の成り立ちを覚えよう。

漢字がどのようにしてつくられているのかを学習しよう！

ルナ、この文字は、ある漢字のもとになった形だよ。

えぇ～！これが字なの？人の絵みたいだけど。

人に関係があるよ！子どもの「子」なんだ。

へぇ～！そう言われると、「子」に見えてきたわ！

「子」みたいに、物の形からできた文字を「象形文字」っていうのよ。漢字の成り立ちをノートにまとめてみたわ。

大切！

4 形声文字
音を表す部分と、意味を表す部分を組み合わせたもの。
例 河＝音を表す部分は「可」の「か」、意味を表す部分は「水」の意味の「シ」だよ。

3 会意文字
漢字の意味を合わせたもの。
例 山＋石→岩

2 指事文字
目に見えないことがらを印などで示したもの。
例

上

1 象形文字
目に見える物の形を、具体的にかき表したもの。
例

馬

5
時間目

国語
Japanese

日本語をうまく
使いこなせる
5年生になろう!

チェックテスト の答えと解説

これで5年生の
おうちスタディは
バッチリね！

英　語

① ① ウ　　② イ　　③ ア

② ① s l eepy　② basketb a ll　③ c o o k

③ ① sister　② peach
③ skate

④ ① I want to go to Canada.
② I like soccer.

よくがんばったな。たくさんほめてやるぜ。

解説

④ ① I want to go to 〜.「わたしは〜に行きたいです。」
② I like 〜.「わたしは〜が好きです。」

算　数

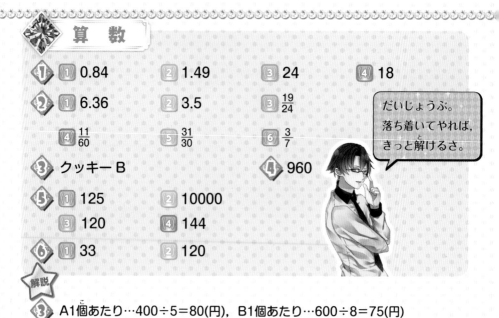

① ① 0.84　② 1.49　③ 24　④ 18

② ① 6.36　② 3.5　③ $\frac{19}{24}$
④ $\frac{11}{60}$　⑤ $\frac{31}{30}$　⑥ $\frac{3}{7}$

③ クッキーB　　④ 960

⑤ ① 125　② 10000
③ 120　④ 144

⑥ ① 33　② 120

だいじょうぶ。落ち着いてやれば、きっと解けるさ。

解説

③ A1個あたり…400÷5＝80(円)，B1個あたり…600÷8＝75(円)

④ 80%は0.8だから，1200×0.8＝960(円)

198

理科

全問正解（せいかい）するまで，オレといっしょにがんばろうな。

1. ① 晴れ　　　② イ
2. ① 水，空気，適当（てきとう）な温度　　② 日光，肥料（ひりょう）
3. おす　　　4. へそのお　　5. イ
6. 電磁石（でんじしゃく）　　7. 120g

解説

1. ① 空全体の広さを10として，雲の量が7で，雨がふっていないときの天気は晴れです。

3. メダカのおすのせびれには切れこみがあり，しりびれは平行四辺形に近い形をしています。

7. 食塩水の重さは，100＋20＝120(g)

社　会

見直しはしたか？がんばって覚えてくれるとうれしいぜ！

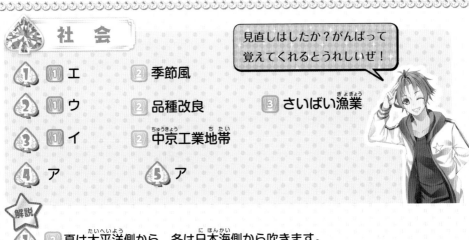

1. ① エ　　② 季節風
2. ① ウ　　② 品種改良　　③ さいばい漁業（ぎょぎょう）
3. ① イ　　② 中京工業地帯（ちゅうきょうこうぎょうちたい）
4. ア　　5. ア

解説

1. ② 夏は太平洋（たいへいよう）側から，冬は日本海（にほんかい）側から吹きます。

2. ③ 養しょく漁業とまちがわないように気をつけましょう。

3. ① 金属工業（きんぞく）は鉄鋼（てっこう）などをつくる工業，食料品工業は食料品をかんづめなどに加工する工業です。

4. ラジオは音で，新聞は文字で情報（じょうほう）を伝えます。

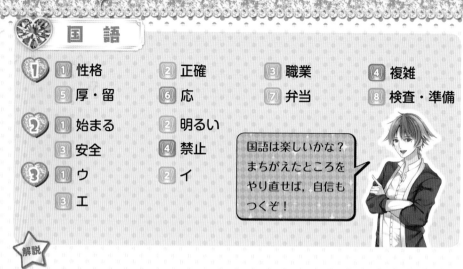

国　語

1
(1) 性格　(2) 正確　(3) 職業　(4) 複雑
(5) 厚・留　(6) 応　(7) 弁当　(8) 検査・準備

2
(1) 始まる　(2) 明るい
(3) 安全　(4) 禁止

3
(1) ウ　(2) イ
(3) エ

国語は楽しいかな？
まちがえたところを
やり直せば，自信も
つくぞ！

解説

1 (3) 「職（しょく）」を「識（しき）」としないように気をつけましょう。

3 (1) 「日照」は「日が照る」なので，上の漢字が主語，下の漢字が述語（じゅつご）になっています。

(2) 「作文」は「文を作る」という組み立てです。

★ 編集協力 Editors
有限会社マイプラン

★ カバーデザイン Cover Design

★ チェックシートデザイン Checksheet Design

★ シールデザイン Sticker Design
ムシカゴグラフィクス

★ 本文デザイン Editorial Design
株式会社エストール

★ イラスト制作 Illustration Production
株式会社サイドランチ

★ カバーイラスト Cover Illustration
林檎ゆゆ

★ 本文イラスト Illustrations
【女性キャラクター】林檎ゆゆ
【男性キャラクター】ふむふむ

あおず、田嶋陸斗、ダン、ハンダアキラ、
WATAKA、七夜、漂白中毒、セルロース
林檎ゆゆ、柳和孝、山田しぶ、武楽清

★ イラスト協力 Illustration Cooperation
日本アニメ・マンガ専門学校
つくばビジネスカレッジ専門学校

★ 写真 Photos
アフロ

★ 衛星画像 Satellite Images
気象庁

★ 編集担当 Editor
藤明隆
野崎博和

本書の内容は、小社より2020年2月に刊行された「新学習
指導要領対応版 キラキラ☆おうちスタディブック 小5
(ISBN：978-4-8132-8792-6)」と同一です。

キラキラ☆おうちスタディブック 小5
新装版 (しんそうばん)

2024年4月1日 新装版 第1刷発行

編 著 者 TAC出版編集部
発 行 者 多 田 敏 男
発 行 所 TAC株式会社 出版事業部
（TAC出版）

〒101-8383 東京都千代田区神田三崎町3-2-18
電話 03（5276）9492（営業）
FAX 03（5276）9674
https://shuppan.tac-school.co.jp

組 版 株式会社エストール
印 刷 株式会社 光邦
製 本 株式会社 常川製本

©TAC 2024 Printed in Japan ISBN978-4-300-11102-4
N.D.C.376